破局而立

DISRUPTIVE INNOVATOR

张力军 / 著

中信出版集团 | 北京

图书在版编目（CIP）数据

破局而立 / 张力军著 . -- 北京 : 中信出版社，2021.1

ISBN 978-7-5217-2473-8

Ⅰ . ①破… Ⅱ . ①张… Ⅲ . ①网络公司—企业管理—经验—中国 Ⅳ . ① F279.244.4

中国版本图书馆 CIP 数据核字（2020）第 234323 号

破局而立

著　　者：张力军
出版发行：中信出版集团股份有限公司
（北京市朝阳区惠新东街甲 4 号富盛大厦 2 座　邮编　100029）
承 印 者：三河市科茂嘉荣印务有限公司

开　　本：880mm × 1230mm　1/32　　印　　张：9.75　　字　　数：200 千字
版　　次：2021 年 1 月第 1 版　　印　　次：2021 年 1 月第 1 次印刷
书　　号：ISBN 978-7-5217-2473-8
定　　价：68.00 元

服务热线：400-600-8099
投稿邮箱：author@citicpub.com

前　言

人生若白驹过隙，短短几十载转瞬即逝。自我于 2005 年创立第一视频已过去十多年，而我也从青年步入中年，成为一名真正的企业家，将年少时的家国情怀付诸实践。

如果将人的一生视为一串钻石项链，那么时代就如同华丽的黑丝绒，以它的背景色将钻石项链的璀璨衬托得格外耀眼，而若非如此，再美的项链也将显得黯淡无光。作为一个生于 20 世纪 60 年代的人，我觉得自己是幸运的，经历了 20 世纪 80 年代中国社会的风起云涌、改革开放的滚滚浪潮，这对我的人生来说如同一层厚重而华丽的背景色。

在那个时代，人们面临着不同的人生抉择，并迈出了日后职业生涯的第一步。经营着万向集团公司，并于 2005 年起为通用汽车制造汽车的鲁冠球，20 世纪 80 年代中期开始在他油渍满布的铁工厂里制造平衡环；吉利汽车的创始人李书福正在用向父亲借来的 2 000 元购买零件，开始组装冰箱，没有人会料到时隔近 30 年，吉利汽车能够收购沃尔沃汽车；创办了娃哈哈集团的宗庆后彼时在街上卖着不到一毛钱一碗的刨冰，而 20 年后娃哈哈集团就变成了可口可乐在中国的强劲对手；那时的我则刚刚踏入社会，做出了一个重要选择——去北京工作锻炼自己。之后，我开始在中国五矿集团从事进出口贸易的工作，当时的我并不会想到自己自此会在北京走出一条宽广深远的道路，而且能迈上亚太经济合作组织（APEC，以下简称亚太经合组织）的大舞台去历练，并在20年后创立第一视频，使其不断壮大，走出国门把生意开拓到了中东地区。没有人能料到当时做出的选择会让我们日后在各自的行业里成就一番事业。

时势造英雄，我想如果没有改革开放这一特殊时代背景给予的机遇，以及之后国家政策上持续创造利于企业发展的环境，便不会有今日的我们。

倘若时代是人生项链的背景，那么刻骨铭心的记忆就是项链上的一颗颗钻石。有一些片段在我的记忆中永生难忘，其中便有三次上市带给我的激情与遗憾。

2006年，第一视频在创立一年后便以借壳的方式在中国香港主板上市，成为中国互联网视频行业首家上市的企业。在那个时期上市的互联网企业并不多，仅有腾讯等少数企业完成了上市，而第一视频在2009年前始终是中国互联网视频行业里唯一一家上市公司。第一视频上市的过程虽然一波三折、惊心动魄，但好在结果看上去还不错，然而，让我感到遗憾的是，在上市的时候我没有敲钟。借壳上市意味着公司已在之前上市的时候敲过钟，不需要我这个现任董事局主席再次敲钟。通俗一点来说，当时的感受就像是结婚却没有办婚礼，这给我留下了遗憾。而这也成了我的一个念想，那就是能在公司上市时敲一次钟。

在我运作中国手游娱乐集团有限公司（CMGE，以下简称中手游）时，我了解到中手游的年轻创业团队希望我帮助他们在美国纳斯达克上市。然而，2012 年中国概念股（以下简称中概股）在美国陷入了诚信危机，又遭遇相关机构的架空，以致中概股在美国整体遇冷。2012 年上半年仅有 1 家企业赴美上市，退市的企业却多达 19 家，众多中国企业纷纷推迟了赴美上市的计划。虽然中国企业在美国上市的大背景不容乐观，但是我依然选择了逆势而为，坚持让中手游在美国上市。2012 年 9 月，中手游作为中概股成功在美国纳斯达克上市，开启了美股首次公开募股的破冰之旅。这恰好弥补了第一视频在中国香港借壳上市时留给我的遗憾，让我在纳斯达克体验了上市公司董事局主席敲钟的自豪感。当然，在纳斯达克的敲钟并不是用手去敲实物钟，而是相当于敲钟的一个电子程序，也称为敲钟。当中手游在纳斯达克上市的那一刻，美国时代广场的巨型电子屏幕上升起了中华人民共和国的国旗，我的头像也随之出现在屏幕上，个人心愿的实现加上为国争光的自豪感让我热泪盈眶，那一刻的激动心情永存我心。

然而似乎是老天与我开玩笑，总在带给我难忘记忆的同时留下一丝遗憾。中手游是以介绍形式在美国上市，并没有公开募股实现集资，因此在我看来中手游的上市仍然不完美，虽然中手游后来发展成行业佼佼者，但这种不完美也给我留下了遗憾。就这样，一个又一个的不完美推着我继续前进。

之后中年得子令我欢喜不已，孩子的出生使我的人生更加完整，也让我开始思考如何用互联网来改善人们的生活，为所有的孩子创造一个崭新而有希望的未来。看到两个儿子出生后需要可靠的母婴产品，而代购服务又不够令人满意，我萌生了自己做一个跨境母婴电商的念头，于是出资建立了宝贝格子科技有限公司（以下简称宝贝格子）。

此时的第一视频已经在中国香港和美国纳斯达克上市，唯独在中国内地还没有上市。从这个角度来说，我还有一个中国内地上市的梦没有实现。于是宝贝格子诞生后，我便想将其打造成上市公司，圆我在中国内地的上市梦，从而能在中国内地的资本市场上也敲一次钟。功夫不负有心人，2015 年 12 月 30 日，就在第一视频上市十周年庆典之际，宝贝格子在北京新三板上市，成为国内首家登陆资本市场的跨境母婴电商企业。我拿着钟锤敲响了上市之钟，实现了我的敲钟梦，也填补了第一视频当年没有在中国内地上市的空白。

宝贝格子敲钟上市后，第一视频成为在中国香港、美国纳斯达克、中国内地三地都拥有上市公司的集团，这对我个人来说意义非凡。不过我还有一个遗憾，就是中手游在美国纳斯达克上市后没有完成公开募股，这又催生了我的下一个梦想，在美国纳斯达克再次推动企业上市，并且实现中手游公开募股。

遗憾和梦想就是动力。如今第一视频在创新上形成了自己独特的理念，企业内部也已经建立了鼓励创业的机制，我想第一视频一定能挖掘和培育出有发展潜力的人才持续创新下去，相信在不久的将来我与我的团队一定会圆这一梦。有人问我，你的下一个上市公司将是哪块业务？究竟是哪块业务会先上市我并不确定，但我能确定的是，它一定符合我对第一视频所做出的“数字+新文娱”的战略规划，它也必定能抓住用户的心，与用户的心跳同步。

目 录

前 言 // I

第一章 新天地（2015年至今） // 001

第一节 玩的就是心跳 // 003

第二节 沙漠里的中国之声 // 016

第三节 视频发力杀个回马枪 // 028

第二章 序曲（1985—2005年） // 033

第一节 一个抉择，两种人生 // 035

第二节 青涩的创新和坚毅 // 042

第三节 黑炭也能变钻石 // 051

第四节 大舞台上的历练 // 057

第五节 第一次“触屏”和“触网” // 072

第六节 从华天超市网到第一视频 // 080

第三章 上市（2005—2006年） // 089

第一节 造林养鸟，借壳上市 // 091

第二节 得来不易的第一桶金 // 101

第三节 二次路演数游艇 // 110

第四节 全员期权：向可爱的年轻人致敬 // 117

第五节 期权风波 // 125

第四章 求变（2007—2010年） // 133

第一节 剩者为王 // 135
第二节 搭上2008年奥运快车 // 142
第三节 逼出来的联播网“巴士” // 152
第四节 抗震中的直播契机 // 161
第五节 首办网络春晚 // 171

第五章 锻造（2011—2015年） // 181

第一节 挺进手机游戏业 // 183
第二节 纳斯达克，中手游来了 // 194
第三节 彩票登上互联网 // 206
第四节 85天私有化中手游 // 213

第六章 新生 // 231

第一节 宝贝，谢谢你们带来了希望 // 233
第二节 少年强，中国强 // 243
第三节 转战医护到家 // 254
第四节 回归孵化器 // 266
第五节 不一样的创新 // 277

第七章 重构 // 283

第一节 是希冀，是荣光 // 285
第二节 重回激情燃烧的岁月 // 289
第三节 获恒指接纳 进入疯狂时代 // 294
第四节 寻找20% // 297

尾 声 // 301

第一章

新天地（2015 年至今）

第一节　玩的就是心跳

2017 年 11 月 4 日下午两点半，我坐在北京国家体育场——“鸟巢”的看台上环顾四周，能容纳 8 万人的国家体育场上座率高达九成。与我曾经去过的体育赛事或者演唱会不同的是，观众几乎是清一色的年轻人。看着他们的脸，我自嘲，以我的年龄可以自称“大叔”了。大叔今天很“潮”，同新生代一起“赶时髦”来了，我们将一起观看 2017 年英雄联盟全球总决赛。

《英雄联盟》是由 Riot Games（美国拳头游戏公司）开发的英雄对战多人在线战术竞技类游戏，目前全球活跃玩家已经突破 1 亿人。这项自 2011 年举办的赛事如今来到中国，这不仅是中国第一次承办该赛事，也是国内目前为数不多的世界顶级电竞赛事。

突然，坐在我旁边的同事拉了拉我的衣服，指着前方示意我快看。随着倒计时开始，位于舞台中央的三面巨型屏幕上出现了一个拳头，当它击碎了画面后出现一行鲜红的大字——Riot Games，随后屏幕上一个男孩演奏起优美的小提琴乐曲，屏幕边上打出“玩家社区，TO PLAY IS TO BELONG”的字幕。

曲终，屏幕上开始播放视频，来自世界各地的年轻人一个个讲述起他们对于《英雄联盟》这个电子竞技游戏的热爱：

《英雄联盟》已经变成了一种特别的语言。

我觉得玩《英雄联盟》可以让很多不同类型的人联系在一起。

我彻底爱上了电竞，有了目标，也有了梦想。

我们就像一起经历了虚拟战争，共同面对胜负的战友一样。

《英雄联盟》让我们能够一同游戏，能够消除距离带来的隔阂。

我不觉得世界上有什么比《英雄联盟》更能提供分享和彼此相连的感觉。

全世界的玩家讲着不同的语言，但他们都热爱《英雄联盟》。

当这些年轻人的脸在屏幕上闪现过后，屏幕中出现一个又酷又帅气的大男孩，全场尖叫声顿起。“周董！周董！”坐我前面的一位二十几岁的女孩立刻站起来，一边挥舞着手一边兴奋地叫着。“不管你在哪里，我们都在《英雄联盟》留下属于我们的传奇。”周杰伦在屏幕上举起话筒说完，从幕后走向舞台。伴舞全都画着战队特有的脸谱，分成红蓝两队，整齐划一地摆出阵势，做出互相对抗的舞蹈动作。

“人生不是一个人的游戏，一起奋斗一起超越，一起杀吧sup兄弟……击杀、双杀、三杀、Penta kill，扛塔、偷拆、插眼让我传送……小人鱼再跳，我就把你切成生鱼片……迎接，胜利，最后让我收头。”周杰伦作为《英雄联盟》的资深玩家，以自己创作的一曲《英雄》拉开了 2017 年英雄联盟全球总决赛的帷幕。

开场表演后，将要在总决赛对决的 SKT 战队与 SSG 战队亮相，伴随着主持人对队员的介绍，可以听到全场的欢呼声，看得出两支战队在国内都拥有不少的粉丝。而在接下来的正式比赛中，大屏幕上两队的每一次失败和胜利更是让全场尖叫声四起，坐在我边上的几位年轻观众或焦虑或喜极而泣。我想，如果不是亲自来观赛，我难以相信一个电竞赛事的现场能如此热闹。实际上，之前看到公司年轻员工发给我的《英雄联盟》比赛视频里，观众挥舞着五星红旗为中国赛区战队加油时，他们脸上的表情和呐喊助威声完全跟中超等实际体育赛事的球迷没什么不同，这让我好奇心大起。我又听说半决赛开赛前半小时网络上的票在几秒内被抢光，一张原价一两千元的票被炒到一两万元，比演唱会的 VIP 票还贵，这更让我想来看一看被粉丝誉为“万众瞩目”的比赛到底有什么魅力。在此之前我认为自己并不能切身地体会电竞粉丝的这种热情，对于我这个不玩游戏的人来说，这不就是对着几块大屏幕观看两个团队坐在那里玩游戏嘛，然而当我真的来到现场，我才发现我错了。即使是我这个门外汉坐在观众席上，也被深深感染着，投入到赛事之中。对于心目中英雄的爱，不管在线下还是线上都是一样的，这就是人性。

最终，SSG 战队击败了 SKT 战队，比赛结束了。我和同事随着人群走出体育场，看见场外还聚集着许多粉丝，其中不少人穿着游戏中人物的服装，拿着道具，俨然就是把自己当成游戏中的人物。

“你会这样着迷地玩游戏吗？”我问同事。他摇了摇头，说：“别看我才三十出头，小时候也玩过单机游戏，但我没法理解现在的年轻人对电竞游戏的热情。”我点点头，说：“没错，我也很难理解，但今天我们没有白来，看到场中的热烈场面更坚定了我要做电竞的决心。电竞用户年龄普遍在 25 岁以下，可以说电竞有一个年轻化的热点，而未来属于青年一代，这里面有巨大的机遇。我想咱们选对了路。”

2017 年 8 月，第一视频打造了“疯狂体育”这一品牌，将体育游戏和电子竞技赛事作为业务方向，还一举签下中国足球协会超级联赛（以下简称“中超”）未来六年的独家游戏经营权，成为中超唯一一家游戏高级合作伙伴。中超是中国最高级别的职业足球联赛，也是全亚洲最具竞争力、平均上座率最高的足球联赛之一，能拿下这样的版权着实不易。更让很多人感到意外的是，运营“疯狂体育”并发力拿下中超版权的正是此前第一视频旗下的彩票业务团队。从彩票变身为“疯狂体育”？没错，这其中的转变还要从 2015 年说起。

2015 年春季，国家财政部、公安部等八部委发文明令禁止互联网彩票销售，互联网彩票全面停售。此举体现出政府对互联网彩票行业发展现状的担忧和规范管理的决心。为了顺应国家政策的调整，第一视频于 2015 年 3 月 1 日起暂停旗下的彩票销售业务。一时间彩票业务团队的转型成了亟待解决的问题。

彩票业务是第一视频发展过程中极富特点的一个业务板块。2011—2015 年，我决定在原有的视频业务外打造自有产品，当时彩票便是我选择的其中一个业务发展方向。第一视频打造了“中国足彩网”、“第一彩”和“彩票 365”这些彩票业务，其中“彩票 365”手机彩票的表现尤为出众，2012 年上线后，在近两年半的时间里下载量就突破了 1 亿，在 2014 年第三季度全国移动互联网彩票客户端销售市场份额占比达 18.5%，超过淘宝和腾讯 QQ，位列第一，确立了移动互联网彩票行业的龙头地位。

互联网彩票业务暂停后，业务团队决定先一边做“约彩 O2O”服务（O2O 即从线上到线下），一边等待政策回暖。虽然网络彩票被禁止销售了，但我们建立起类似滴滴打车的平台，也就是约彩平台，把彩民和彩票投注站点连接起来，方便彩民找到周围的投注点，也带动了投注点的销量。这得益于公司此前的彩票业务基础，很快“约彩 O2O”的注册用户人数便达到了 2 000 万，交易量也增长得很快，营收情况良好，养活团队绰绰有余。

然而，我并不是一个喜欢被动等待的人，尽管 2007 年以后互联网彩票已先后停售五次，但与前四次停售相比，这次停售受到更多人的重视，影响范围更广，执行力度也更大，政策何时“解冻”具有很大的不确定性。另外，更重要的是我不愿意每年抱着赚点钱维持现状的态度苟且地活着，我希望要做就在某一个细分领域中做到领先位置。于是，我推着团队向前走，一起重新寻找更适合我们且具有深远意义和市场潜力的业务方向。在查看已有用户的属性时，我发现此前销售的彩票里有七八成是体育彩票。用户有着鲜明的特征：男性居多，爱好体育，尤其爱好足球和篮球。

此时我注意到政府正越来越重视体育。例如，2014 年，习近平总书记在看望索契冬奥会中国体育代表团时指出：“我们每个人的梦想、体育强国梦都与中国梦紧密相连。”① 党的十八大报告关于中国体育事业发展的建议中明确指出：“广泛开展全民健身运动，促进群众体育和竞技体育全面发展。”2014 年 10 月 20 日，国务院下发了《关于加快发展体育产业促进体育消费的若干意见》，把体育产业作为绿色产业、朝阳产业培育扶持，提出到 2025 年体育产业总规模将超过 5 万亿元，成为推动经济社会持续发展的重要力量。2015 年 7 月 31 日，北京携手张家口击败阿拉木图成功取得 2022 年冬奥会举办权的场景更是历历在目。这一切都说明了政府视体育为综合国力的体现，将体育强国建设纳入中国梦的体系当中，从而将体育提到了更高的地位。

另外，各大企业也对体育表现出浓厚的兴趣。例如，万达

① 《习近平亲切看望索契冬奥会中国体育代表团》，新华网，http://www.xinhuanet.com/world/2014-02/07/c_119234468.htm.

集团在2015年收购了西班牙足球甲级联赛马德里竞技俱乐部20%的股份，出资4 500万欧元，进入俱乐部董事会，这是中国企业首次投资欧洲顶级足球俱乐部；2016年，苏宁旗下苏宁体育产业集团，以大约2.7亿欧元的总对价，通过认购新股及收购老股的方式，获得意大利国际米兰足球俱乐部约70%的股份，成为最大控股股东。

这些政策和企业的动向不禁重燃了我对体育，尤其是足球的梦。其实第一视频的“彩票365”曾在2013年赞助过辽宁宏运足球俱乐部，2014年又赞助了杭州绿城足球俱乐部和北京国安足球俱乐部，是国内互联网彩票行业里第一家赞助球队的公司。

观察到体育的热度，以及我们手里已有1亿彩民的用户积累，于是我建议彩票团队往垂直的互联网与体育结合的方向寻找突破口。

不过，真正让我决定往体育这条路上走的是2016年的欧洲杯，我和彩票业务负责人一起去巴黎观看了欧洲杯揭幕战法国队对阵罗马尼亚队的比赛。至今我仍对那晚的现场气氛记忆犹新，8万多人的体育场座无虚席，场外还聚集着大批的球迷。法国队的奥利佛·吉鲁进了这届欧洲杯的首个进球后，全场沸腾起来，随着罗马尼亚队扳平比分后，迪米特里·帕耶的破门绝杀让法国队以2∶1险胜罗马尼亚队，紧张的比赛和观众的激情助威让我也加入了摇旗呐喊的队伍中去，丝毫未察觉到两个小时已经过去。这是我第一次体会到欧洲杯球迷的疯狂，而这种疯狂是跨越国界、种族、年龄、性别的，我深感震撼。

从欧洲杯赛场回来后，我们决定在互联网与体育结合的领域里选择体育电竞游戏和电竞赛事运营作为主攻方向。之所以选择这一细分领域是因为我看好这一市场的潜力，它仍然是一片“蓝海”。2016 年，中国电竞产业发展迎来爆发期，国家发改委、体育总局、教育部、文化部等多个部门出台的相关政策，都不同程度地提到了电竞产业发展。据新华社报道，国务院总理李克强在 2016 年 10 月 14 日主持召开国务院常务会议时提出“要出台加快发展健身休闲产业指导意见，因地制宜发展冰雪、山地、水上、汽摩、航空等户外运动和电子竞技等”。①

根据市场数据研究机构 Newzoo 的统计，在 2016 年全球电竞的收益中，来自中国的部分占 15%，是韩国的两倍，仅次于北美地区。在近 14 亿的中国人口中，游戏玩家总数约为 5.6 亿人，电脑端的玩家数约为 1 亿人。根据艾瑞咨询发布的电竞用户数据，2017 年国内整体电竞用户规模有望超过 1.5 亿人，并仍将保持 20% 以上的增长趋势。此外，《英雄联盟》在第五赛季比赛时中国观众就已超过 1 400 万人，中国与北美、欧洲、韩国并列为四大战区，地位不言而喻。腾讯作为《英雄联盟》在中国的运营商，2016 年第三季度总收入为 403.88 亿元，其中网络游戏收入为 181.66 亿元，占比超过四成。

---

① 《李克强主持召开国务院常务会议》，中国政府网，https://www.gov.cn/guowuyuan/gwycwhy/20161014C32/.

各个方面都表明，中国是一个不容小觑的电竞市场。

“董事长，我们给这个品牌定什么名字好呢？”业务负责人问我。我回想起欧洲杯揭幕赛上万名球迷的呐喊，想到电竞赛场上年轻的面孔和热情，想到一个像我这样的体育和电竞门外汉都会被感染，那种心跳加速、内心热血涌动的激动滋味尝过一次就想尝第二次。“体育不能静悄悄，玩的就是心跳。就叫‘疯狂体育’吧！不疯狂哪来的激情？”我沉思片刻说。

我给“疯狂体育”的定位是做全球领先的体育游戏社区平台，成为立足于体育产业，集研发、运营、服务于一体的互动娱乐服务商，打造集体育竞技游戏、竞猜游戏、棋牌休闲游戏和直播互动游戏为一体的体育社区平台。并且，“疯狂体育”不是仅仅作为一个尝试性的业务来孵化，我始终认为体育是百年大计，要让参与的各方都实现价值，因此我为第一视频制定了“数字＋新文娱”的新战略，数字是指“人工智能、区块链、量子计算”等未来先进科技，新文娱即“新媒体、新文化、新体育”，而“疯狂体育”将作为“新体育”的重要组成部分引领这一业务板块的发展。

基于此，“疯狂体育”一方面作为全球化体育游戏发行平台，把海外的顶尖游戏引入国内，同时为海外用户提供优质的中国体育游戏，打造全球领先的体育游戏发行品牌。另一方面“疯狂体育”也运营自有版权的游戏。

2017年7月，“疯狂体育”迈出了国际化战略的第一步，与英国知名游戏厂商 Soccer Manager 有限公司在北京签署战略合作协议。“疯狂体育”获得后者所有游戏在大中华区、日韩、印度以及 22 个阿拉伯国家的独家代理运营权，这意味着风靡欧美，深受中国足球迷喜欢的《足球经理》将正式登陆中国。

同年 8 月，“疯狂体育”再签大单，与世界著名体育游戏公司 FROM THE BENCH S.L. 达成战略合作，取得后者 3 款手机游戏的独家代理权。通过此次合作，“疯狂体育”正式获得了 14 家欧洲知名俱乐部的官方游戏授权。

然而仅有海外顶级版权无法令我满足，我认为“疯狂体育”一定要有一个“撒手锏”级别的自有版权游戏。在与团队的会议上，我问当前最大的国内体育版权是什么，团队人员告诉我是中超。“好，那就去跟中超谈合作。”我说。团队人员了解我的个性，即做任何事情一定不会跟风，要有自己的特点，但他们觉得这个想法虽然好，但难度很大。2016 年中超联赛有限责任公司（以下简称中超公司）将中超联赛版权卖出了五年 80 亿元的价格，版权费较之前每年 8 000 万元涨了 20 倍，即便如此，想与之合作的公司也可谓挤破门槛。然而，功夫不负有心人，在与中超公司领导接触的过程中，我发现他们的思路在悄然发生变化，从原先的国企思路变得与市场更接轨。一方面，他们仍将合作伙伴的资质和信誉放在第一位。另一方面，他们也期望合作伙伴除了能带来直接的版权收入，还能助力中超中长期的发展。

我向中超公司表示之所以第一视频选择体育电竞游戏，是因为除了我们已有的大量球迷用户可作为基础外，更主要的是在考察体育市场和电竞市场的过程中，看到了体育类电竞游戏和赛事的市场潜力。对比中美体育产业发现，在美国，体育产业收入中 70%来自直接赛事收入，30%来自诸如服装、装备、器材等周边运营；而在中国，这两个比例恰恰相反，仅 30%的收入来自直接赛事，因此可以预见未来赛事本身带来的收益应当会逐渐增长。而我们要看到的另一个趋势是如今年轻人对电竞赛事的兴趣要浓于实际赛事。我曾考察过一支国内电竞俱乐部，他们在运营方面的专业程度跟足球俱乐部没有区别，有专门的教练和数据分析员等团队来帮助队员把比赛打得更好。其旗下队员做一场直播带来的收入就达几百万元，而“挖”队员的费用更是高达上千万元。

放眼全球市场，NBA 与 Take-Two Interactive 公司合作，从 2018 年起联合举办基于 NBA 2K 系列的电竞赛事。欧洲地区的各类足球联赛也在纷纷进行着“电竞化”的尝试，如法国的 Orange e — LIGUE 1（橙色甲级冬季锦标赛的第一场决赛）以及隶属于美国艺电公司（EA）的世界锦标赛的西班牙足球甲级联赛。荷兰甲级联赛也与美国艺电公司和一家电视机构合作，推出电竞联赛 E-Divisie FIFA 。就像 NBA 主席亚当·萧华说的：“比如有球迷想为纽约尼克斯队打球，但身体条件并不允许。如今作为电竞选手，人们将有新的机会为他们所挚爱的球队效力。”

正因如此，我想“放长线钓大鱼”，而不是像很多人那样以短线思路来做游戏，如果那样通常只会做出一款爆款游戏，在几个月里风行，其生命周期很短。体育游戏绑定一个版权后便会不断带入新的用户，如此一来它的生命周期便会很长，如果能绑定中超赛事，也会使关注中超赛事的群体越来越庞大。

我发展体育电竞游戏的决心和我们已有的用户基础让中超公司颇感兴趣。出于慎重，中超公司高层数次访问第一视频集团，当他们确认第一视频资质俱全，是一家发展中没有“黑历史”的企业，又了解到第一视频曾是 2008 年北京奥运会新媒体合作伙伴时，才做出与第一视频合作的决定，将中超未来六年的独家游戏经营权授予第一视频。

2017 年 8 月 21 日，在北京“鸟巢”金色大厅中，中超公司召开新闻发布会暨 2017—2022 年中超官方游戏高级合作伙伴签约发布会，正式宣布北京“疯狂体育”产业管理有限公司成为 2017—2022 年中超联赛官方游戏高级合作伙伴。“疯狂体育”获得基于中超联赛及 16 家俱乐部相关版权在游戏领域的授权，以及在全球范围内研发、运营中超游戏的核心权益，与中超公司联合发行并运营“中超游戏中心”。

“疯狂体育”把“中超游戏中心”打造成为中国首家体育游戏分发平台，不仅是中超公司和 16 家中超俱乐部的官方游戏中心，还将上线合作伙伴的体育游戏。此外，“疯狂体育”还将与中超公司共同举办中超联赛唯一的官方电竞联赛。与此同时，“疯狂体育”获得了在中超联赛官方网站、微博和微信等线上宣传推广，以及所有赛场中场活动、LED广告、球票、球员代言等线下商务的权益。

拿下这一战略性合作让整个彩票团队兴奋极了，作为第一视频旗下强互联网基因的一支队伍，大家对于能运营一个大版权、大流量、大影响力的项目期待满满，铆足了劲头投入游戏的上线工作。

2017年8月，“疯狂体育”品牌正式上线。除了运营海外体育游戏版权，在自有游戏中与中超有关的游戏占了一大半，其中主推竞技对战类游戏“实况中超”、策略卡牌类游戏“中超英雄”、棋牌类游戏“中超棋牌”和模拟经营类游戏“中超足球经理”。“实况中超”这一游戏尤为特别，它不同于市场上常见的卡牌类或经营类体育游戏，是国内首款操控型足球手游，并且是真人对抗游戏。在游戏中，用户可以选择自己喜欢的球队，控制场上五名球员与对阵球员进行对抗。它的魅力在于攻防节奏快，把足球最吸引人的场景，例如射门、攻防转换等都浓缩在游戏中，用户在一场游戏中花上五六分钟便能体会到足球场上激动人心的时刻。用户也可以为自己支持的俱乐部在俱乐部排行榜上贡献自己的游戏分值，这种提升用户荣誉感和归属感的设置大大提升了用户参与游戏的热情。

2017年11月是中超比赛最后一轮赛事期，“疯狂体育”在北京、广东、山东、河北的电视体育频道以及青海卫视投放了广告，并在包括北京工人体育场和广州天河体育场在内的中超八个体育场投放了LED广告，中超游戏的登台亮相瞬间被中超联赛的球迷所关注。随后的三天“实况中超”在Apple Store（苹果商店）的体育游戏下载排行榜中位居第五。

2018年4月6日，中超联赛战火重燃，北京国安主场对阵天津泰达。上半场经过双方激烈角逐后以1：1打平，“疯狂体育”在中场休息时推出了现场手机摇一摇活动：上半场比分总计多少，就送出同样数量的智能手机多少部。现场五万名球迷中有一万多人参与了这项活动，有两位球迷抽中了手机，这给现场带来了一丝轻松的气氛，也让“疯狂体育”这一名字被球迷所熟悉。

中国有5.2亿手游用户和4.6亿体育人口，“疯狂体育”瞄准的是这两个高度重合的用户群体，而且无疑这个市场潜力更为巨大。截至2017年底，“疯狂体育”上线仅四个月下载总量便达到2 670万次，用户人数达300万。“疯狂尽享体育之乐”，正如“疯狂体育”提出的这句口号，我希望以游戏为载体，让所有人爱上体育，相信当亚文化、二次元和职业体育疯狂碰撞时，更多人将体会到体育电子竞技带来的激情与魅力。

第二节　沙漠里的中国之声

在2006年第一视频上市后到2015年这段近10年的时间

里，我一直背负着外界舆论的压力，被观众认为“第一视频不做视频，忙于不务正业”。因为当众多视频网站“挥金如土”地往视频业务里猛砸钱的时候，我却提出“剩者为王”战略让第一视频的媒体业务一直静悄悄地维持着基础运营状态，在自己老本行里显得只求生存而不求发展，反倒是在其他诸如手机游戏和互联网彩票等领域里闯出了一番新天地。不过，我并非要当“常剩将军”。

2015年第一视频尝试转型专业生产内容（PGC）平台并推出“号外”App等产品，网络视频行业有人惊呼“张力军豪气，舍得花自己的真金白银下血本”，纷纷猜测第一视频下一步要把钱投在哪里。其实用豪气来形容我的经营风格并不完全准确，对于企业盈利模式的关注甚至有时候让我看起来极为“抠门”。

在一次接受《新京报》的采访中，我说：“正是因为多领域业务的同时开拓，有强劲的利润支撑，第一视频才能找机会换道超车，走到今天。在互联网的大环境中，所有不以盈利为目的的商业模式都是要流氓。”

虽然第一视频在媒体板块上看起来走得慢，但其实它有自己的节奏和智慧。当互联网视频市场氛围不好时，没有盲目跟风，而是夯实好自己的地基——第一视频可以说是互联网行业中具备最全牌照和资质的企业之一。第一视频曾经经历过辉煌，尝到过成功的滋味，也因此不急功近利，如今我所思考的是如何选择“再出发”的时机。

在我的脑海中下好媒体这盘棋离不开“一台，一网，一端”的布局和创新的传播技术。“一台一网”是指中阿卫视和第一视频网，“一端”是指第一视频手机软件。

这些年我一直担任中国亚太经合组织发展理事会会长，在频繁的对外交流活动中，可以看到当今世界正在发生复杂而深刻的变化，全球金融危机深层次影响继续显现，世界经济缓慢复苏、发展分化，全球投资贸易格局和多边投资贸易规则正在深刻调整，中国在世界政治经济舞台上的权重变得越来越大。然而，并不是所有人都希望看到中国的崛起，我也能感受到国际社会中对中国不利的声音和潜藏的危机。以亚太经合组织为例，美国于 2011 年 11 月 14 日在亚太经合组织第 19 届领导人非正式会议上高调宣扬“跨太平洋战略经济伙伴关系协定”（Trans-Pacific Partnership Agreement ，TPP），在我看来美国的这一举动是因为看到了中国在亚太经合组织中的话语权越来越大，为了制衡中国，而意图以这个侵犯他国经济主权的不平等条约来取代亚太经合组织，作为亚太地区贸易投资自由化博弈的新游戏规则。

因此，从地缘政治的角度来看，“丝绸之路经济带”战略涵盖东南亚经济整合、东北亚经济整合，并最终融合在一起通向欧洲，形成欧亚大陆经济整合的大趋势，“21 世纪海上丝绸之路”战略从海上连通欧亚非三个大陆，和“丝绸之路经济带”战略形成一个海上、陆地的闭环。

对于我这样的企业家来说，在这一时间点适时地提出"一带一路"倡议这样的顶层设计极富智慧，它作为今后我国对外开放的总纲领，可以将其比喻为全面深化改革的总钥匙。改革开放以来，中国企业和国内市场发展迅速，然而从目前来看，国内市场增速进入平稳低速的发展期，很难再有井喷式的增长，中国企业只有"走出去"才能有更大的发展空间。

第一视频如何在这股历史潮流中捕捉到自己的机遇呢？作为"一带一路"建设的重要组成部分，盛产石油的中东地区引起了我的注意，其中阿联酋的迪拜是中东最富庶的城市之一，有着数量颇多的富豪，并且阿联酋的政治态度又较为缓和。一位常驻阿联酋的朋友告诉我，虽然阿联酋给中国人留下了极为富裕的印象，但实际上在海湾地区它并不算富国。另外整个阿拉伯世界在通信方面还处于功能性手机阶段，根本不像中国这样，智能手机和互联网高度普及，并且因为大部分地区都是沙漠，物流也不像中国那么方便。听了朋友的介绍，我感觉一定要亲自去阿联酋考察一番才行。朋友说，不仅中国人对阿拉伯世界知之甚少，阿拉伯世界的民众对中国的了解也很少，而且之前许多阿拉伯国家曾经是西方殖民地，大多数人对中国的印象都深受西方国家的影响。听到这里，我心里顿时萌生一个想法：文化交流和新闻传播领域会不会有适合第一视频发展的机遇呢？

2016 年 3 月，我带着集团高层前往迪拜进行考察。我们的考察目标是在迪拜的发展模式里挖掘中国企业的商机，寻找适合第一视频的机遇。

考察期间，我与阿联酋马尔万亲王进行了几次会面。这几次会面让我对中东经济贸易、中东地区企业发展模式有了更深入的了解，而我也不遗余力地向他们介绍中国互联网经济和互联网企业的飞速发展。由于交流顺畅，谈到兴起时，马尔万亲王甚至拉着我出海，在游艇上接着聊。

而在对迪拜甚至是中东市场有了更深的思考时，我有了一个短暂却又能深入了解迪拜卫视的机会，也正是这次接触，才有了第一视频与迪拜中阿卫视的“一见钟情”。

我了解到中阿卫视是一家卫星电视台，总部位于中东的金融与贸易中心迪拜，于迪拜媒体城注册，并在中国设有运营中心。中阿卫视创办于 2012 年，是一家民营企业，其中一位重要股东是阿联酋的王子。中阿卫视的宗旨是架构中国与中东各国商贸合作最直接的桥梁，利用中阿卫视的优质资源和媒体平台为中国和阿拉伯国家的政府、商人及投资项目创造一个对接平台，并致力于服务和发展中国的外贸经济，提升中国企业和品牌在国际上的影响力。其定位是中国人民与阿拉伯人民相互了解的窗口，是中国企业和产品走进中东市场的桥梁，是中国与阿拉伯国家之间经贸合作、文化交流的信息桥梁和媒体平台。

中阿卫视是中阿双语电视台，中文配音的节目配有阿拉伯语字幕，阿拉伯语配音的节目配有中文字幕，阿拉伯人和中国人都可以观看。中阿卫视已在尼罗河卫星、阿联酋的国家有线电视网 Du 和 Etisalat 上广播，也通过网站、手机应用、社交媒体等在互联网上向中国人民广播，并与国内多家卫视达成合作，在国内电视频道上播放来自阿拉伯的新闻、访谈及旅游等本土内容。

中阿卫视主要的节目制作基地在迪拜，在过去两年内制作了大量的阿拉伯国家的本地节目，并以中阿双语播出，这让迪拜当地华人也可以了解到本地的最新资讯，如:《迪拜新闻播报》、“迪拜会客厅系列访谈”、《迪拜地产》、《中东商机》、《魅力阿拉伯》、“2020 年迪拜世博会专题”等。

与此同时，中阿卫视在中国也设有运营中心，整合和制作中国的节目内容，宣传中国企业的产品和文化，让阿拉伯的人了解中国，如:《五洲新丝路》《中国时间》《中国著名品牌》《美丽中国》《中国剧场》《每天一道中国菜》等。

中阿卫视对于传统媒体在中东地区的发展状况以及互联网在中东发展前景的判断与我不谋而合。我们相信，在这个仍然以大屏为主要的信息获取渠道的地方，互联网绝对可以让传统媒体更具延展性，小屏会逐渐走进人们的生活，而且面对一个具有 6 亿人口的“处女地”，中国企业更加需要他们。

在与迪拜中阿卫视高层见面前，有那么一刻，我把“让中国文化和中国企业走进中东”当成了自己的使命。但没想到深谈之后，我发现对方与我心有灵犀，竟也有这样的使命感。我内心越发期望促成这次合作。

尽管双方已达成初步合作意向，但几次谈判过程所反映出来的现实却很残酷。双方之间最大的分歧还是理念上的差距，在理念上要达成共识还需要一个过程。而且传统媒体企业团队与适应了瞬息万变的互联网企业团队融合起来也会有短暂的“水土不服”。其间双方经过了几次“分手”，我曾一度以为这个合作会“流产”。

然而，虽然目前合作看似不会带来令双方都满意的商业收益，但双方都看到了未来的曙光。中东虽有丰富的矿产和石油资源，但是在文化交流渠道、互联网、新能源等方面比较匮乏，有着巨大的市场空间。中国的中小企业和小商品已经在这里发展得非常好，只不过很多中国企业不能及时深入地了解当地的政策、基础设施、通信、法律、人文习俗等状况，外加乱局中随时会有政治风险，因此阻碍了他们进入中东的脚步，反之中东地区人民对中国企业和商品的了解更是少之又少。如果能为中国企业和中东人民打开一扇相互了解的门，对于中国商品和整体经济影响力将会是质的飞越般的提升。

我认为，网络视频媒体不能仅仅做一个经济效益的承载平台，传递影响力也是至关重要的，影响力承载的是对当地受众的文化和理念的影响以及话语权的建构。因此我坚持希望通过中阿卫视对中东当地受众产生一个正向的、全方位的影响，特别是在中国文化和中国企业的影响力方面有所作为。

目前，中东地区的人们还没有养成在手机上获取信息的习惯，大屏才是他们获取信息的主要来源。我的思路是，结合互联网思维对中阿卫视的节目重新布局，让节目内容更加接地气，更加多元化，然后对中阿卫视进行数字化改革，这样中东地区的人们就可以通过各种屏幕来观看中阿卫视更多具有亲和力的节目，我们就可以在最有传播力的平台上充分展示中国文化和中国企业的多样性。同样，中国观众也可以通过第一视频看到更有特色的中阿卫视制作的节目。不要认为我们提供的节目只是关于阿拉伯兄弟的衣食住行或者当地奶茶和酥油茶，我们也可以去其他国家、奥运会甚至是戛纳电影节做采访。

我认为，视频网站不应仅仅被贴上娱乐化的标签，新闻性的标签更能代表视频网站的普众价值。视频形式的新闻要比图文形式更加直观，更加容易理解，视频应该成为一个主流的新闻载体。受到政策方面的限制，视频网站没有内容采播权，无法像新闻网站那样自采自产内容，只能通过与电视台、新闻网站合作或者购买版权来转载新闻内容。显然，这浪费了视频网站的价值。

国务院新闻办公室在 2010 年颁发了《互联网新闻信息服务许可证》，一批视频网站被授予了新闻牌照，但这并不意味着视频网站具备了无限制的采播权，视频新闻内容依然需要从外部获取。

一旦第一视频对迪拜中阿卫视进行战略投资，未来将在全球范围内获得内容采播权。虽然这种视频网站通过与传统媒体合作从而具备采播权的方式早有先例，但这样的跨国组合却开创了中国互联网视频行业的先河。这也让我们原本主打短视频的运营模式能够充分发挥出平台的价值。从新闻获取、制作到播出，第一视频将具备完整的链条。自此，第一视频能够以自采自播的形式及时地输出中国与中东地区之间的新闻信息。此外，第一视频一直在虚拟现实直播领域布局，并已经具备业内一流的制作水准和设备，这让使用虚拟现实全景技术直播国际重大新闻事件有了更广阔的发展前景。

在原本新闻属性不强的视频行业里，第一视频这一创新性做法是通过强化自身媒体属性来加强视频行业的新闻性，这很有可能会为视频行业在视频新闻方面打开一个缺口，未来也许会有更多的中国视频网站与国际电视台实现对接，成为中国对外宣传的媒体阵地。

2016 年 8 月 22 日，在北京市朝阳区望京科技园区望京东路 8 号锐创国际中心一号楼 17 层第一视频所在地，我代表第一视频与迪拜中阿卫视签署了第一视频集团战略投资迪拜中阿卫视的协议。第一视频自此成为迪拜中阿卫视控股股东，作为第一视频集团董事局主席的我同时担任迪拜中阿卫视董事局主席。

媒体评价这是第一视频助推“一带一路”倡议的重要举措，提升了“一带一路”话语权，也是第一视频布局天下，首次闯入海外市场。[①]

签约仪式后，有媒体对我进行了采访，我把与中阿卫视的成功签约称为第一视频在差异化竞争方面的又一次“换道超车”，相当于互联网新媒体的集结号。很多人问我为什么会选择投资中阿卫视，我总结了三个主要原因。

首先，也是投资中阿卫视最重要的原因，是中阿卫视符合我为第一视频所打造的“数字 + 新文娱”战略中的媒体板块布局，有了中阿卫视，第一视频便能打造出“一台，一网，一端”的媒体业务矩阵：中阿卫视、第一视频网站、第一视频手机软件。卫视属于传统媒体，具有公信力。互联网在中国乃至全球网民的推动下，在各种层出不穷先进技术的支撑下，有着非常强大的传播力。我的思路是，把公信力和传播力结合起来，形成一股非常强大的内容组织能力，提升内容集成水平，让第一视频的新媒体业务在竞争中脱颖而出。

其次，是中阿卫视对于迪拜的战略投资意义。在“一带一路”倡议中，中东具有重要的地理位置。中东地处亚洲、非洲和欧洲的交汇处，五个海的中间，连接印度洋和大西洋，是一个重要的战略地区。中阿卫视能够覆盖中东 25 个国家，其中 22 个是阿拉伯国家，是当地媒体里唯一一家中资控股的媒体，可以传播中国的声音，因此这一资源非常独特。在推行“一带

---

① 《第一视频集团战略投资迪拜中阿卫视 助推“一带一路”》，环球网，https://tech.huanqiu.com/article/9CaKrnJXcnd.

一路”倡议的过程中，中阿之间的文化和经济交流刚刚起步，这个面向 25 个国家 6 亿人口的巨大市场的媒体，应该说不仅前景广阔，而且是商海中的“蓝海”。因此，第一视频看中的是中阿卫视的战略投资意义，以及其巨大的市场空间和发展前景。我们力图成为阿拉伯世界里第一个顶尖的从事中国文化传播和新闻传播的企业。

最后，我的投资哲学是“投与自己思想契合的团队，不投只谈商业模式的项目”。中阿卫视的战略安排和其本身对中东和中阿文化交流，对下一步如何覆盖巨大的市场空间，以及让自己在巨大的竞争中脱颖而出的基本理念，让我非常赞赏，我们在这一方面达成了共识。中阿卫视团队的这一战略思维和执行能力让我惊叹，这场“谈到中东的恋爱”是谈对了。投资主要投团队，我对中阿团队有信心，因此我选择了他们。

中阿卫视负责人在接受记者采访时也回答了为什么选择和第一视频合作。他说：“媒体人要看大，不看小，不能光看财务报表，要有长远的人文方面的想法，当然也要想办法实现企业的资本价值，但是更重要的是要交朋友，成就中国和阿拉伯的友谊，在这一点上中阿卫视和第一视频在理念上有相同之处。”

控股中阿卫视后，对于未来发展的设想我主要关注两个关键点：影响力建设以及基于影响力变现的盈利能力。

影响力建设并不是指提高收视率，而是传播和原创。接下来第一视频会投入很大的人力、物力去做好这一部分，影响更多的人，尤其是阿拉伯的精英阶层及决策者。在打造影响力后，我希望通过所获得的信息和宣传，开发迪拜的旅游、地产、中阿文化产业交流项目，乃至打造金融类的中阿产业基金，孵化出的这些项目将会在经济价值上超过电视台十倍甚至百倍。影响力直接决定了企业获取项目的能力，因此提升影响力是下一步的核心工作。

我设想的第一步是让民心相通，让阿拉伯人民了解中国，例如把中国的时政和经济政策以他们能理解的方式向他们进行介绍，目标是让阿拉伯了解到中国是一个和西方国家一样强大且稳定的国家。当通过新闻和文化交流树立起这一形象后，下一步就是举办文化经贸交流活动。迪拜在 2020 年举办世博会，位于它周边的卡塔尔将在 2022 年举办世界杯，这些活动背后都蕴含着大量的商机。一方面，现在中国很多企业都需要“走出去”，中阿卫视可以将中国企业带入阿拉伯国家。另一方面，中东地区也需要新的产业支撑，他们对中国的高科技企业颇感兴趣，未来中阿卫视也可以向他们提供咨询服务。

从 2018 年 1 月 16 日起，阿联酋成为第 11 个与中国互免普通护照签证的国家，阿联酋与中国在对方国家的免签最长停留时间可达 30 天。这一好消息无疑会让两国人民走得更近。回顾历史，以前阿拉伯国家的商人用马匹和香料换中国的丝绸、茶叶、瓷器，现在他们用天然气换中国的工业品。油价下跌后，阿拉伯人从中国市场上购买了更多的物资，他们只需用欧洲 1/5

的价格就能在中国买到同等质量的产品，这是一个双赢的机遇。随着时间的推移，第一视频与中阿卫视合建起的高速信息桥梁将更紧密地连接中阿两国人民，我想历史将见证第一视频承担并完成这一使命，谱写出丝绸之路历史的新篇章。

投资中阿卫视后，为了继续推进第一视频在媒体板块的布局，我还意欲发力提振第一视频的视频内容，而如何提供符合用户需求的视频内容则成了关键。一方面，我想视频应该往垂直化、专业化方向发展，打造内容策划、生产和变现的链条。另一方面，应抓住国人当前的需求点，例如针对投资理财的需求可以制作财经类短视频，针对追求心灵的安宁方面的需求可以主打制作中国历史等文化类内容的视频，针对用户运用法律工具维护自己权益的需求则可以提供法制类内容的视频。

第一视频在近期开始向媒体板块发力，“一台，一网，一端”的媒体布局意在瞬息万变的互联网媒体产业里拿出激情和速度，加快创新，发展出有自己特色的新模式，在服务、帮助客户的同时实现自身价值，绽放于这个富有创新精神的新时代。

第三节　视频发力杀个回马枪

早在 2006 年，我就提出第一视频要发展短视频而不是长视频的思路，但受当时技术条件限制，发展短视频的想法对当时社会而言是超前的。然而，如今随着互联网带宽的提速和资费下调，互联网在人们日常生活中的渗透率越来越高，网络娱乐方式推陈出新，传播方式也在不断变化，由于短视频具有门槛低、传播速度快等特点，借着信息碎片化的趋势，已呈现出快速增长的发展态势，适合运营短视频平台的环境已经形成。

短视频在提升用户体验感、增强用户参与感和个性表现方面有着得天独厚的优势，因此越来越多的社交媒体、新闻资讯甚至电商平台都纷纷采用短视频作为内容展现的载体，以此提升用户的社交体验、内容体验，增强用户的活跃程度以及提升用户黏性，可以说现今各个行业都意识到短视频的强大潜力。艾瑞咨询的数据显示，2017年短视频市场规模达到57.3亿元，同比增长达183.9%。

与此同时，国家为了促进互联网视频行业规范化发展，先后颁布了多项法规政策。2017年4月，国家新闻出版广电总局调整了《互联网视听节目服务业务分类目录（试行）》，明确了视频行业的监管范畴，依法查处网站未持有“信息网络传播视听节目许可证”擅自从事互联网视听节目服务的行为，“信息网络传播视听节目许可证”成为监管部门反复强调的“硬门槛”。政府一方面打击低俗内容，禁止不良内容广泛传播，另一方面加大政策扶持力度，鼓励网络视听行业创作精品节目内容的态度越来越明确。

这对于注重品质胜过数量且有着多年完备的经营和运营资质的第一视频无疑是一个机遇。目前国内拥有“互联网新闻信息服务许可证”或“信息网络传播视听节目许可证”的网站有100多家，同时“两证”齐全的网站更少，仅有50多家，且“两证”目前已暂停新申请的审批。第一视频不仅是中国资质最全的网络视频新媒体平台之一，还有着开放包容、互惠互利的姿态，有着强大的渠道分发能力、专业的视频内容团队，以及在业内深耕多年的丰富经验。

2018年3月，我在集团高管会议中提出利用第一视频的分发优势促成合作和共赢。目标是同广大垂直领域机构、音视频自媒体、电子商务平台等合作伙伴，共同打造基于人工智能、聚焦“数字+零售”的新媒体平台。

第一视频将抓住这一新机遇与垂直领域的机构合作，满足企业在专业视频生产传播方面的需求；与多渠道网络（MCN）平台的合作满足了平台分发流量的需求；与自媒体的合作满足了自媒体在影响力和变现方面的需求；与电子商务平台的合作将满足视频宣传需求，服务于新零售业。

在合作方式上，第一视频提供了多种灵活的方式，包括合伙人制度合作、频道合作、栏目合作、直播平台合作、节目制作合作、版权孵化合作、人工智能内容分发支持合作、大数据服务合作、代理运营合作、媒体支持合作、交互视频新零售合作等方式。

在针对垂直领域专业机构的合伙人制度合作中，通过与平台的深度合作，实现优势资源互补，群策群力，共同开发，共享收益。在频道合作中，平台提供优势频道和位置，在应用底部导航条提供入口引流，并开通权限接口，允许合作伙伴自行设计频道，从视频呈现方式到广告投放方式都可以自行选择。在栏目合作中，以专题栏目的形式进行推广，通过增加推荐权重、优化推荐算法、固定栏目位置的方式，增加栏目的曝光量。第一视频有着专业的视频制作团队及硬件设施，可以解决合作伙伴在场地、视频拍摄、内容剪辑等方面遇到的困难。

在版权孵化合作中，第一视频将对有潜力的自媒体给予扶持，包括但不限于流量导入、首页推广等方式，并且经过评估认为潜力大的自媒体可以得到第一视频的融资支持，以帮助自媒体迅速成长。在人工智能内容分发支持合作方面，第一视频凭借多年的市场耕耘，有丰富的网络端、应用端和 OTT 端（Over The Top，指互联网公司越过运营商，发展基于开放互联网的各种视频及数据服务业务）的分发渠道，包括搜索引擎、音视频分类下的多个头部平台，并且能做到基于人工智能精准发放，不仅发放速度快，而且效益好。在交互视频新零售合作中，可以引入电商平台，在人工智能的辅助下智能识别视频内容，在关键产品或特定类别产品出现时提供电商平台购买入口。

在第一视频的发展历程中，我对合作一直抱着“共商、共建、共享”的态度，合作伙伴可以根据自身需求和实际情况享受定制服务，每位合作伙伴的服务模式都由平台和合作伙伴共同确定，合作方式可以灵活变更，充分满足合作方的个性化需求。我希望第一视频能与机构、自媒体共同建设内容、商务模式，构筑以新媒体为支撑的新零售生态产业圈。

不过，这一次第一视频打了一个“回马枪”，发力虽始于视频，但不止于视频，视频只是“数字＋新文娱”战略中的一部分。在我的设想中，第一视频将不再作为一个聚合类平台出现，而是要用前沿的数字技术打造出新文化、新体育和新娱乐的业务矩阵。

未来我还要规划第一视频在新娱乐方面的投资和布局，与更多合作伙伴一起为消费者提供有格调和趣味的高质量娱乐产品，并且还会一起尝试打造弘扬社会主义核心价值观、寓教于乐的红色题材版权，共同营造健康文明的网络视听环境。

第二章

序曲（1985—2005 年）

第一节　一个抉择，两种人生

如今的我每每在规划着第一视频的新业务布局时，时常会回想起最初创业的时光和 30 年来人生历程的点点滴滴，感慨那时的我怎会料想到自己会沿着创新的路走到今天，经历了在北京大格局环境中的锻炼，踏上亚太经合组织的舞台，创立第一视频，在日新月异的互联网行业里摸爬滚打，直至获得今日的成功。然而，每一次的抉择都带着个人性格的烙印和对愿景的坚持，这一切的发生又似乎是必然。

人生总有一些关口，在那里不同的机遇闪烁着各自的光芒，而不同的抉择会带着你走上不同的道路，亦会让你过上截然不同的人生。

1985 年初春，我走在深圳蛇口工业区的街上时，暖风扑面而来。此时全国各地正在兴起一波建设风潮，北京正在建设中央电视台、长城饭店、国际饭店等几座高楼，而深圳的建设风潮看起来更强劲，新建的高达 160 米的深圳国贸中心大厦已超越最先盖起来的 69.9 米高的深圳“第一高楼”电子大厦，成为当时全国最高的建筑。而深圳国贸中心大厦也创造出“三天一层楼”的中国建筑界神话，成为“深圳速度”的代名词。

我看着拔地而起的建设中的高楼，直观地感受着四周热火朝天的干劲，那时的我并不知道自己所处的这一人生关口对日后的发展多么重要。

当时我已经从天津财经学院（现为天津财经大学）国际贸易系毕业，进入天津塘沽五矿公司（以下简称天津五矿公司）工作，负责钢材的进出口业务。尽管那时的我才 23 岁，还是个新苗子，但业务已经做得风生水起，像天津无缝钢管厂这样的重点单位建设用的钢材全部由我来负责进口。因为业务量大，我时常要去位于北京的中国五矿集团申请配额许可证，跟中国五矿集团业务往来密切。而深圳作为改革开放的前沿，在建设上需要大量的五金矿产，业务机会多，于是北京和深圳便成了我出差最频繁的两地。

1986 年 3 月，我又去深圳出差，业务洽谈完后我和当地的朋友一起逛街，感受深圳特区改革开放的氛围。朋友带我去了深圳最高的大厦，又去“二线”转了转，我们在那里拍照留念。所谓“二线”，即深圳经济特区和非经济特区之间用铁丝网修筑的一道管理线，这道线在 1982 年修完后把深圳分为特区内和特区外，俗称“关内”和“关外”。

我们又去了沙头角：一条弯曲的石板窄街，路中间立有一块界碑，界碑靠着内地一侧仅有的零星店铺冷冷清清，摆放着极普通的日用杂货，而界碑的另一边便是香港，有很多香港人在那里卖小商品，琳琅满目，热闹极了。那个时代，深圳经济特区属于边防禁区，虽然当时开放了沙头角，但并不是随便什么人都能来，从事外贸行业的人员有机会凭着通行证换港元，然后去沙头角买些内地比较紧俏的东西，比如味精、布料、丝袜、塑料芯的便宜手表，还有一些金银饰品等。

我一有机会去沙头角就会买些小商品，比如丝袜、布料、化妆品，总是成袋成袋地给家里人买。要知道这些小东西对内地的人来说充满了新鲜感，改革开放了五年，深圳变成经济特区最直观的体会就是在深圳很容易买到国外的商品，而且是国内所没有的。可不要小瞧那一包包的丝袜，对内地女孩子来说可是相当有吸引力的。当时我和王淳尚在谈恋爱还没结婚，我每次都会给她带上一大包，她也很喜欢这些琳琅满目的小商品。

那天逛完街，朋友问我有没有考虑清楚是否要在深圳工作，我顿时陷入了沉默。因为英文流利、业务能力强，深圳一家著名的大型国有企业看中了我，竭力邀请我去深圳工作，并且已经给我发了劳务券，只要我愿意去就为我办理户口。

“深圳是中国改革开放的窗口，这里做生意的机会多，”朋友说，“再说了，深圳的户口值10万块钱。多少人削尖脑袋想到深圳来做生意，想花钱买户口，门路都不好找呢！”

看着眼前一片不知何时盖起的高楼，我能感受到这片土地上隐隐跳动着的机遇。几乎每次来我都会发现新动工的楼在这个城市的四面八方开花，在发展方面深圳的确有着独特的“深圳速度”。而蛇口工业区的开拓者袁庚提出的“时间就是金钱，效率就是生命”的口号，几乎一夜之间传遍了中国，不仅是中国人，全世界人都在注视着这座城市。深圳早就不是1980年3万多人口、两三条小街的边陲小镇，它正朝着成为一座拥有上千万人口，经济繁荣、社会和谐、功能完备、环境优美的现代化都市的方向迅速发展，我想它一定会创造世界工业化、城市化、现代化史上的奇迹。

我也明白朋友所说的机会意味着什么：到了深圳就有了其他城市所没有的自由发展空间。这里的一切都是新鲜的，就连空气仿佛都是新鲜的；这里遍地都是赚钱的机会，只要肯想肯干，就连深圳的农民都能借罗湖区铲平山头的东风，开二手翻斗车运送工地的泥土赚得盆满钵满。而我一个受过高等教育又不怕吃苦的人，凭着我的头脑和能力，必定很快就能飞上云霄，我和王淳的生活状况很快就会改观，买房买车根本不是问题。

可是，我还有另一个选择。

中国五矿集团主管进口的领导在业务交往中觉得我能干，希望把我调到北京去工作。直觉告诉我，深圳相比北京在经济上发展的速度更快，不过北京是政治中心和信息中心，获得信息的速度会更快，而我如果想在事业发展的高度上始终保持信息领先的优势，北京更适合我。不过到北京发展其实有很多不确定因素，中国五矿集团是经贸部的直属央企，是一个能人聚集的地方，去了那里能不能适应，能不能站住脚，能不能打下一片天地，并不断发展事业，是未知数大于已知数。如果满足于做个商人或者是有钱人，我应当去深圳，并且胜算大；但如果想保持事业发展的高度，我应当去北京，但是风险高。

然而去深圳还是北京并不只是我一个人的抉择。我很想知道王淳的意见，毕竟我们俩即将成婚，以后不再只是我的事业、我的生活，而是我们共同的事业和生活了。

从深圳回到天津后，我便同王淳见了面。王淳是一个可爱又能干的姑娘，和许多女孩不同，她有着与众不同的眼光和独到的见解，论眼界智谋足以比下去一众男儿，用北京话讲就是“主意正”。不过说心里话，我心里依然没有谱，担心她可能看重眼前的利益会支持我去深圳。

当我将心里的犹豫向王淳全盘托出后，她笑了。

我愣愣地看着她，有点摸不着头脑。

“你这个傻瓜。”她笑着推了我一把，然后清了清嗓子，正色道：“从你第一次跟我提起这事时，我就在心里决定了：我们一定要去北京，不能去深圳。”

“我不希望我们只是变成有钱人，如果能在政治上、在个人修养上、在社会阅历上有更好的发展，我愿意冒风险。去北京锻炼一段时间，你会有更大的发展的，我相信你。”

我没有想到她会这么利落、坚决地支持我去北京，更没想到她完全和我想到一块儿去了，一时间心里涌起一股暖流。

“去了北京可就没法带外国丝袜、化妆品还有那些新奇的小玩意喽！”我故意逗她。

她嘴一噘，朝我翻了个白眼道：“我可不会被那些东西迷了眼。那些算什么，以后我们想要什么都会有的。”

“没错，面包会有的，牛奶会有的，一切都会有的。”我搬出了电影《列宁在 1918》中的那句经典台词，两人相视一笑。就这样我们一致决定去北京。

如今回头看，这个人生关口何其重要，如果我选择去深圳的话，也许我就仅仅变成一个富商而已。但是正因为选择去了北京，我走上了另一条路，一条更宽广、更深远的路。

到了中国五矿集团后经过一番锻炼，我晋升为贸易部处级副总经理，1995 年我进入国家经济体制改革委员会（以下简称体改委）主管股份制企业的试点工作。体改委是主管中国经济体制改革和对外开放的重要部门。当时体改委正在研究怎样在股份制公司建立党委，让企业在人事和党务各方面的管理正规化，继而尝试将现代企业制度和我国现有体制相结合。这种结合包括实践董事会领导下的总经理负责制，建立监事会，确立监事会和董事会的监事作用，等等。

而我所领导的企业作为试验田，可以说是国家改革开放政策的发动机或生产机，起到了关键的作用。例如那时并没有

《企业法》和《公司法》，体改委率先出台的《有限责任公司的注册办法》和《股份公司的注册办法》便走在了那个时代企业管理理论与实践的前沿，而这两个《办法》与我在主管股份制企业过程中通过实践摸索总结出的经验密不可分。可以说这些经验为我日后在创业过程中能在市场的波涛大浪中看清楚方向、成为机遇的舵手打下了扎实的基础。

而更有深远意义的是，这段阅历和收益是弥足珍贵的。那时体改委的同志到现在仍然活跃在社会的方方面面，和他们在一起工作，一起讨论怎么设计中国的改革开放，推出一个个政策，推动改革，整个过程开拓了我的视野，提升了我的思维层次。也正是有了这一阶段的历练，才让我成为中国亚太经合组织的代表，有机会参与我们政府的重要活动，得以近距离地向我国的政坛领袖学习先进思想，得以在世界舞台上与各个国家和地区的领导人就区域发展进行讨论，视野更上一层楼。

在这个基础上我才一步步发展了自己的事业，才有机会走进信息产业，建立了第一视频。而这一切，都与做出去北京这一具有决定性意义的抉择息息相关。如果不来北京，我就不会有这些阅历，不会将系统辩证法应用到企业管理中，不会有机会与区域经济的领袖们为伍，也不会有现在第一视频的整个发展历程。可以说，一个抉择，会造就两种完全不同的人生。

第二节　青涩的创新和坚毅

媒体经常在采访我时问："你的灵感怎么那么多？创新思维从哪里来的？"坦率地讲，要想临时抱佛脚地为了创新而去创新，思维再多也未必有效，创新是一种思维方式，也是一种行为习惯，更是突破自我、决意顽强成长的体现。

我在读比尔·盖茨的传记时曾被书中的一个小故事逗得忍俊不禁，这也勾起了我的童年回忆。盖茨是互联网时代的创新大师，他在软件领域创新的 Windows 系统至今仍被广泛应用。不过他的创新不是凭空掉下来的，盖茨从小就是一个电脑迷，有一次就因为大胆创新闯了祸。

1968 年，美国西雅图湖边中学在校内安装连接通用电气公司电脑终端的电传打印机，希望学生能够领略到电脑科技的风采，于是 12 岁的盖茨得以接触到了计算机。由于学校里用的是花钱租来的电脑，只能让学生在有限的时间内操作，这远远不能满足小盖茨的需要。于是他和好友艾伦找到了校外一家电脑公司，这家电脑公司的主要业务是将自己手中的电脑租给其他企业。由于这家电脑公司没钱清还购买电脑的货款，于是和卖家签了一份协议。协议规定，只要电脑公司能够持续帮助卖家找出存在于电脑程序中的错误，货款就可以延期偿还。盖茨和艾伦便主动找到电脑公司的负责人，向他说明他们可以帮助电脑公司找出程序中的错误，条件是电脑公司下班之后，让他们使用电脑。

于是，每天晚上 6 点电脑公司下班时间一到，这两个少年便骑上自行车到公司“上班”。他们尽情操纵多台电脑，通宵达旦沉迷于由程序字符串成的海洋，他们不但轻松地为电脑公司查找出程序错误，而且越来越大胆。一次盖茨越过电脑密码防护系统，偷偷在电脑系统上安装了自己创新的程序，没想到的是使用同一网络的电脑竟然全部同时停机！后来公司技术人员及时发现这一故障，进行了修复，不然后果不堪设想。

因为这件事，盖茨受到了批评和惩罚，被迫做出从此不再接触电脑的承诺，但是这样的打击并没有浇灭他对电脑的热情。一年之后，他终于再次找到了一份给其他电脑公司设计程序的工作，继续完成他的电脑梦想。

盖茨因创新程序受到批评和惩罚这件事让我产生了共鸣。可以说小时候好奇心引发的兴趣是创新的源头，但创新的道路从始至终就不是平坦之路，对此我深有体会。

我出生在一个干部家庭，父亲张森林是一位老革命干部，也是知名教育家，在天津市教育部门工作，母亲李英杰是天津市司法局干部，也是一位律师，父母对我要求严格，尤其在政治上要求我进步。我在天津长沙路小学读书的时候，大家选我做红小兵的小队长和课代表。能成为小伙伴里的“小核心”可不是靠家庭背景，也不是靠老师让你当班长就可以的，要当领袖就要有让大家佩服的真能力。

有一次，学校要求学生开展“学工”活动，我们的学工活动是到校办工厂压象棋子，然后拿一根铁丝蘸上红漆和绿漆给象棋子描字，描完之后再装盒。老师让我带领全班同学去工厂，要求我们严格按照工人师傅的要求去做。我们到了工厂后分成了几个小组分头干。一些同学专门操作机器压象棋子，一些同学专门负责描上面的字。

干了一会儿，我突然发现，制作象棋子的同学很快就做好了，然后把棋子分给描字的同学，描字的同学按部就班，描完一盒再描下一盒，这样效率太低。我就让大家先停下来，重新给大家分工，改变原来工人师傅要求的描字程序，让大家把同一个字的棋子排列出来统一描，比如把所有的“车”字棋子排列起来，大家都描这一个字，最后由一个人负责装盒。这样既节约时间，又便于操作。于是大家按我说的办法干了起来，效率显著提升，我们很快就完成了工人师傅安排的第一批生产任务。

老师来检查时发现我们改变了工人师傅安排的生产程序。

“怎么弄成这样呢？象棋都是一盒一装，都叫你们搞乱了。是谁领的头儿？”她一脸严肃地问。

我马上回答：“是我让大家这样干的，因为这样干起来快啊。”

“这是胡来，必须按师傅说的工作程序做。”老师批评了我。

当时我心里很委屈，这样的方法明明比旧的方法好，生产效率高，为什么还要按旧办法干呢？但是，那个年代只讲政治，不讲经济效益。我只是一名小学生，更无力与老师抗争。最后我只好违心地承认错误，让同学们改过来，按照以前的方法一盒一盒地描。但大家都觉得我的方法快，这件事过后我在同学中的威信反而比以前更高了。

有人问我怎样做到持续创新，我告诉他们，要想持续创新，先要打好坚毅的个性这一地基。因为创新一定不会一帆风顺，困境和险境是创新路上的绊脚石，创新也往往不能一步到位，是在前一次创新失败的基础上迭代改进的成果，如果没有坚毅的个性，中途放弃便谈不上持续创新。

我所说的坚毅是指目前全球最流行的教育理念之一。坚毅也就是 grit，在英语中的原意是沙砾，即沙堆中坚硬耐磨的颗粒。虽然可翻译为“坚毅”，但其内涵远比毅力、勤勉、坚强丰富得多。坚毅是一直对目标保持激情及耐力，是不忘初心、专注投入、坚持不懈，它包含了自我激励、自我约束和自我调整的性格特征。

美籍亚裔心理学家、宾夕法尼亚大学副教授安吉拉·李·达克沃斯从 2005 年起一直致力于研究性格对成功的作用。她对数以千计的高中生进行了调研，并对西点军校、国内一流大学的学生等进行跟踪观察和分析，她发现：无论在何种情况下，比起智力、学习成绩或者长相，坚毅是最为可靠的预示成功的指标。

回忆起我的少年时代，早在天津十六中上初中时，我便开始经受生活的磨砺，开始学着培养自己坚毅的个性。

1976 年唐山大地震，天津受到波及，由于余震不断，政府要求市民都搬出房屋，到马路和操场上的临建棚居住。于是我随着父母从舒适的楼房搬到临建棚。临建棚的条件相当差，棚顶是用油毡纸糊的，两边是用砖头砌的矮墙，里面有一个大土炕，冬天就用柴烧火取暖。

原有的生活方式被改变。我觉得自己作为家中长子应当分担生活的责任。父母一大早就要去上班，家里只有我们兄弟俩和外婆。于是我去上学前给自己增加了不少工作：一早起床后先去倒垃圾和尿盆，干完后去远处的社区打清水回家。社区那里有附近唯一的水龙头，我提着一只大铁桶排队打水，打满一桶水后提回来倒入家里的大水缸。一桶水装不满水缸，一早上打水就要跑五六趟。

让我印象深刻的是冬天水龙头被冻住后要等人拿着开水向上浇，慢慢把冰化开之后才能打水。天气寒冷，排队等水，我的手冻得像大红萝卜似的。每一次都要这样把水装满一桶提回来，无论刮风还是下大雪，提水这件事一定要完成。

我还有一项重要任务——换煤气。那时候还没有管道煤气，家家都是用罐装的煤气。煤气用完后，我就把家里的煤气罐提出来，放在自行车挂钩上，骑车穿过马路和小巷到煤气站，把空罐放在煤气站内，再搬一个新的煤气罐放到自行车上载回家。加了液化气的煤气罐很沉，我用尽力气才能把它放在自行车上，因为我没有大人那么高，脚不能完全够到脚镫子，骑上自行车后屁股一扭一扭地别提有多滑稽。

原本住楼房时这些家务事不用我这个少年来承担。但是，唐山大地震似乎让我在一夜之间长大了，我要提前承担更多责任，在盖临建棚的时候，我还要负责搬砖头，帮着大人打下手。在这个过程中，我体会着环境促使自己成长的滋味，隐隐感觉到承担责任能让自己成为真正的男子汉。

那个时期伴随着事务上的磨砺，还有心智上的成长。

当时父亲所在的天津艺术学院内有一台14英寸的北京牌黑白电视机，每天晚上我和伙伴们都会早早来到播放电视节目的屋子。电视管理员把电视机一打开，大家就都不说话了，聚精会神地看电视，虽然电视是黑白的，只有14英寸，但在那个年代没有别的娱乐活动，能看得到电视就是福气。电视里放的《地道战》《地雷战》《鸡毛信》这些影片让每个人都看得津津有味，那是儿时轻松又愉悦的记忆。

初中升高中时，听说1979年全国将恢复高考，母亲希望我能考上十六中这样的重点中学，好为高考做准备。但直到升学考试前夕，我还是没有丝毫的紧迫感，经常和同学们带着课本去天津水上公园，美其名曰“复习功课”，实际上是去集体划船。

原以为很轻松就能通过的考试让我经历了人生中难忘的“滑铁卢”。

升学考试后，我母亲问我：“考得怎么样啊？”我说：“挺好，没事。”结果等考试分数一公布，老师找上门来说：“你家的孩子上不了十六中了，他考得太差了。”我母亲说：“上不了十六中，那就上二十一中吧。”当时，十六中是市重点学校，二十一中是区重点学校。老师告诉她：“区重点二十一中也有些不好说。”我母亲急了，问：“他考了多少分啊？”老师说：“满分 500 分，他考了 300 多分，也差得太多了，只能分到普通学校去。”

父亲平时工作忙，没有时间去学校了解我的情况，他一听便要去十六中了解一下我在校的学习情况。父亲从学校回来，就劈头盖脸地骂了我一顿，我从未见过他发这么大火。

父亲严厉地怒斥道：“学校说你平时自由散漫，对你印象太差，出去了就别回来了，人家不愿意要你了。另外，你考得那么差，该上哪个学校就到哪里上吧。”结果，我被分到了天津三十四中学，在当时这是一所再普通不过的学校了。父亲的一席话像针一样一字一字扎在我心上，让我感到刺痛。

我从一所市重点中学来到了一所普通高中，心理落差极大。我开始反思自己，难道受了点刺激就觉得自己不行了？这绝不是我的个性，我应该在这所普通学校里努力学习，让所有人看到奇迹。我暗暗下定决心，要从心里主宰我自己。我把六本历史课本、地理课本和英语课本找出来从头背到尾，连地图都背下来。我仿佛变了一个人似的。

老师一看我在学习上这么用功，肯定是个考大学的苗子。当时学校领导因为三十四中升学率低而着急，很想从学生中发现几个成绩好的苗子进行重点辅导。一所普通的学校能考出一两名大学生，对他们来说就是特别好的成绩。于是我就成了他们重点辅导的对象。

让我感动的是这些老师向我提供了父母般的无私关怀。所有老师的力量都集中在我的身上，学校里水平高的老师都被安排来给我开小灶。一下课，我就去参加辅导，英语老师给我辅导英语，政治老师给我辅导政治，还有语文老师、数学老师等。我一下子由被十六中淘汰的学生变成了这所普通中学的佼佼者。在老师们的鼓励下，我一扫原来心头上自卑又自责的阴霾，越发努力学习，越学越有兴趣，常常学习到深夜。如果我留在十六中绝不会有人给我补课，重点学校固然很好，普通学校也有优势，只要自己够勤奋，一样可以考出好成绩，这样一来，坏事就变成了好事。

两年时光很快在发奋学习中过去了，高考的日子来了，这一年也是考生最多的一年，100 名考生中只录取 4 个人。我下定决心拼搏一把，一雪前耻。当时就读于十六中和我同届的同学也参加高考，他们可都是成绩优异的好学生。而三十四中这一届大概有 400 多名学生，老师们把宝全都押在我一个人身上。

期盼已久、让人激动又紧张的高考终于来临。在考数学前我正好翻到勾股定理，就在考前十几分钟又温习了一遍，确保熟记在心，结果考试时恰好就有这道题。语文考试之前，有一天母亲从办公室带回一本《小说月报》，我就拿过来翻看，其中有一篇文章吸引了我，讲的是人才的培养很难，需要许多时间和知识。而语文试卷的作文题目是《十年树木百年树人》，恰好谈及人才的培养，我文思泉涌，临场发挥得很好。也许是冥冥之中有老天保佑，更可能是因为我集中注意力，一切都会拿来为自己备考所用。

在高考这场战斗中，我取得了最后的胜利，以 590 多分的成绩达到一本重点高校的录取分数线。我的历史考了 98 分，成为天津高考单科成绩的佼佼者。要知道那一年 100 名考生中只录取 4 个人，这对我来说真可谓是一雪前耻。

青少年时期这一段由胜转败，又由败转胜的经历是我人生中的一笔财富，让我看清自己性格上的缺陷，并面对它、修正它。也让我明白，跑得多快在一时显得重要，但能让自己在人生道路上走得更远的是摔倒后能够站起来重新出发，这就是坚毅的个性蕴含的力量。如今回过头去看，这种坚毅与创新息息相关，因为每一次的创新都是“从 0 到 1”，都是一次自我的突破，我想如果没有这种坚毅力量的支撑，想要在创新之路上走远几乎是空谈。

第三节　黑炭也能变钻石

大学毕业后我被分配到天津五矿公司的进口科工作，作为当时最年轻的干部业务员，一进公司我便经历了一次终生难忘的磨炼，而这也让初出茅庐的我顽强成长了起来。

当时天津五矿有一项购买国外的废旧船舶用来炼钢的业务，所谓的“废旧船舶”并不是破烂船，这些船舶包括货轮、油轮、滚装船等，往往很多船在接收时还在运营当中，只是报废年限将至而已。

船东在卖这些废旧船舶的时候，通常直接与天津五矿签署买卖合同，并不事先通知船长和船员，只有当这艘船运输货物到达天津港，把货卸下来停泊在锚地后，船东才会发电报给船长，通知他们船已经卖了出去，并让船长交付船只。这样，天津五矿作为买方有一个责任就是派人会同边防检验、动植物检验等各方人员前往锚地在该船舶上进行接收工作，并依照合同核实船体主要零部件的好坏。

接收废旧船舶是一件很危险的工作，因为要坐着拖轮到锚地，登船和船长交接，按照检疫规定检查船上是否存放危险品，并按合同核对船舶的规格及主要的零部件是否完备，尤其是从船舱到船底，要沿着船的各个部分去检查一遍。在这个过程中如果船舶上存放的一些爆炸品被引爆，就会造成事故，这样的事情过去时有发生，因此上船接收和检查时要格外小心和认真。

那一次公司派我代表天津五矿作为买方前去接收一艘法国的船舶。这是我第一次接收船舶，感觉挺新鲜。

从码头到锚地拖轮在海上走了一个多小时。快到锚地时，身边的几位边防检疫人员议论开来，其中一位年纪大点的检疫人员大声说："坏了，看来今天又要爬软梯。"

我没上过软梯，心想船上有舷梯，从舷梯上船不就行了！我说："软梯就软梯吧，有什么糟糕的？"

那位检疫人员回答我说："到了船前你就知道了。"

当我们的拖轮在湛蓝的海水中划过波涛直接到达我们要接收的船边时，我才明白爬软梯多么难。船舶在载满货物时，是向下压在水中的，这时船舶上的舷梯是能够得着拖轮的。但是我们这次接收的船是一艘空船，压舱水估计也没有了，船体忽然高出水面很多，那个小舷梯挂在船舷上离拖轮还有 30 米，我们根本无法从舷梯上船。

与对方船长联系后，他们放下来一条软梯。那是一艘万吨级的货轮，空舱时船体几乎全都浮出水面。来到舷梯边时我抬头望了望船顶，距离船顶有 40 多米，我一下子感到有些眩晕。

"小张，你第一次爬软梯吧！"这时一位边防检疫人员对我说。

我回答："以前没爬过。"

"爬的时候要小心，掉下去可就完了。"他这么一说，我看了一眼拖轮和船舶之间的距离。

"以前爬软梯就有人不小心掉下去摔死了。"听他说完，我心里就感觉嗖一阵凉气袭来。

他叮嘱我爬软梯时，一是千万不可向后看，二是要抓住软梯，每上完一梯用手向远处推，变成弓型了再爬下一梯。我嘴里答应着，却感到手脚冰凉双腿发软。

排在我前面的是一位海关人员，他是老手，只见他抓过软梯一跃身便很快爬了上去，接着一位边防检疫人员也往上爬去。下一个该我上了，我能不上吗？我对自己说不行，我还要去船上交接呢，怎么能让公司丢脸。一咬牙我就抓着软梯的绳子跃身攀了上去，然后开始跟着前面的人向上一梯一梯地攀登。排在我后面的人也往上爬，这让我没有了退路。

软梯不是普通的梯子，在壁立的船体上就像是摇摆的杨柳，我们一行人就像是在玩杂技，在绳梯上犹如一队抛向空中的串珠。我感觉仿佛在悬空中抓住了一根救命的绳索，格外惊险，此刻唯一的念头就是往上爬，除了上软梯别无选择，只能爬！因为不爬，要么会撞上船体，要么会失手落海，非死即伤。在这种时候，人真的会被逼出一身勇气。我从未感到过自己竟然有这样大的力量，勇敢得都不像平日的自己。我一口气爬上船舶甲板，与船长交接并签署了备忘录后，来到船边再回头向下看，船下我们的那艘拖轮就像一个纸箱那么小，后怕混杂着自豪的感觉顿时涌上心头。

日后，每当我背负着重压，面对几乎不可能完成的任务时，我都会回想起第一次接船时恐怖刺激的经历。我以为我不可能爬上去，但是我做到了。自此我一再提醒自己不要轻易躲进退路里，浪费自己的潜力，只有背水一战才能绝处逢生，这也成了我人生的信条：任何事情一旦选择，就如同上软梯一样，要义无反顾地向上走，不然就是万丈深渊。

1990 年，我从天津五矿公司调到位于北京的中国五矿集团工作。20 世纪 90 年代初，中国处在计划经济的末期，经济尚未腾飞，物资依旧不富足。老百姓日常买菜仍要排队，交通工具最多就是一辆自行车，而相比日常穿的粗布衣服，能在夏天穿上一件细细滑滑质感的“的确良”衬衫就已经很令人自豪了；城镇缺房情况严重，人均居住面积大约 5.2 平方米，无房户、拥挤房和缺房户大约占了总户数的 1/3，大部分人家里是清一色的水泥地和白灰墙。

作为外地借调干部，中国五矿集团在二里沟宿舍楼给我提供了一间老式筒子楼的宿舍。上了筒子楼，先要走过过道，过道很窄，两边摆着每家每户的煤油炉、箱子、柜子、鞋，过道两边都是一个个十几平方米的房间。筒子楼有点像大学宿舍，唯一的区别是它的盥洗室和厕所是男女共用的。起初，我的房间只有一个铁架子硬板床，后来好心的同事把家里不需要的沙发和立柜送给我，这些就是我全部的家具。

筒子楼里夏天的夜晚最难熬。不要说空调，就连电风扇都没有，要知道一台电风扇要卖 187 元，而当时城镇人均月工资还不到 100 元。2 元钱能买什么？能买 10 斤大米、20 斤白菜、1 斤 2 两猪肉、1 斤羊肉或者 1 斤半鸡蛋。被认为是奢侈品的茅台酒才卖 8 元一瓶，而 30 元就能在上海顶级的酒店吃一顿最丰盛的大餐。能在夏天吹上电风扇，吃上红果冰棍，是难得的享受。

我一个好朋友所在的公司在北京西苑饭店有一个长期包房，每次周末他回家我就去蹭房，享受凉快的空调。但是等到“三伏”那几天，他和妻子也想享受空调，就住在酒店，而我只好回到宿舍。为了凉快，我把褥子和被子都卷起来扔在沙发上，光着膀子躺在床板上，实在热得受不了时，我就拿着脸盆去盥洗室里弄点凉水，往身上哗哗地浇。

当时我已经当上中国五矿集团的副科长，处理的进出口业务金额一年有上亿元，每年给公司带来几千万元的利润，所以有些人不理解为什么我要受这份苦，完全可以熬到星期五就坐短程车回天津的家，星期一早上再坐火车回来，但是我没有那样做。因为当时也有许多其他省市的干部调到北京来一起工作，如果我每周都回天津，大家会觉得我不属于北京，很难真正融合到一起。再者如果周末我回去了，单位有急事，别人也找不到我。我希望自己能扎根下来，融入集体，所以坚持周末也在北京，星期一早早地去上班。和同事们吃在一块儿，住在一块儿，学在一块儿，玩在一块儿，物质条件虽然艰苦，但我们一起收获了进步的果实，享受到了纯真年代里的真实乐趣，那些一起唱过的歌《年轻的朋友来相会》《在希望的田野上》《我们的生活充满阳光》，多年后我的脑海里仍然会响起熟悉的旋律。

后来在选举提拔处长时，我得分很高，被评为进步最快的员工，成为五矿集团和中国对外经贸部最年轻的处长。这段经历让我明白除了要把工作做好，还要重视细节，细节决定成败，只有注重细节，才能真正地融入团队，才能得到真正的拥护，巩固和提升自己的领导力。

我的个性是压力和刺激越大表现得反而越好。自然界中，石墨的成分是碳，没有压力的情况下它会成为普通的铅笔，但当经过几十亿年演变，经受过高压高热的洗礼后，它便成为璀璨的钻石。而在社会里，要想将自己锻炼得足以担任起一个领军者的重任，也一样要经过学习、工作和生活大熔炉的磨炼，淬火成钢，顽强成长，我想刚踏上社会时经历的这些磨砺是这一人生阶段里最宝贵的财富，为我日后能够形成不畏挫折持续创新的人格奠定了内在基础。

第四节 大舞台上的历练

我从 1999 年开始为亚太经合组织工作，曾经担任了 13 年亚太经合组织工商咨询委员会的中国代表，现在仍作为中国亚太经合组织发展理事会的理事长在外交部的领导下参与中方亚太经合组织的具体工作。很多人对我既是企业家又深度参与亚太经合组织的双重身份感到好奇，问我是怎样接触到亚太经合组织的。

回忆起我与亚太经合组织的结缘，其中有一段故事还跟我的夫人王淳有关。常言道，一个成功男人的背后站着一位伟大的女性，王淳就是站在我背后的那位伟大女性。她在我事业的各个转折点上都起到了重要的作用，也是因为她我才有幸与亚太经合组织这个高端峰会结缘。

1993 年，王淳已经从天津调到北京一家央企外贸公司工作，她当时的具体工作是代表公司与国家经贸部接洽，申请包括许可证等在内的资质。有一天，她回到家告诉我，国家经贸部一位同志送给她两张去人民大会堂参加活动的请柬，她想让我陪她一起去，于是我便去了。到了人民大会堂，听了介绍我才知道这是一场由亚太经合组织举办的成立山东烟台开发区的发布会。亚太经合组织，是一个区域性经济合作组织，对亚太地区的经济发展起到促进作用。那是我第一次接触亚太经合组织，就是从那时起我跟亚太经合组织结下了不解之缘。

亚太经合组织是亚太地区最大的区域经济合作组织，对这一地区的政治、经济发展具有重要影响，现有 21 个正式成员，亚太经合组织国家人口占全球总人口的 42%，GDP 约占全球的 50%，贸易额占全球的 46%。中国在 1994 年加入亚太经合组织，在亚太经合组织的影响力与日俱增。但是从总体来看，20 世纪 90 年代中国融入世界经济进程的程度很低，远不能与今日相比。1998 年，我在国家体改委所属的中益国际经济集团任董事长，适逢亚太经合组织成立了一个名为“亚太经合组织工商咨询理事会”的机构，理事会由全球工商界人士组成，专为亚太经合组织的领导人提供政策咨询。当时亚太经合组织规定每个成员经济体要推荐三名工商界代表。国家体改委将我推荐到国家经贸委进行考核，希望我能成为中国亚太经合组织代表之一，为中国经济走向世界做出更大的贡献。国家经贸委经过认真审核后，认为我过去的工作业绩和表现十分适合担任中国亚太经合组织代表。按照程序，国家经贸委将我的情况报到外交部，然后外交部又报到国家领导人那里。最后经国家领导人批阅，我成为了中国亚太经合组织三名代表之一。

我从 31 岁开始一直在从事与亚太经合组织有关工作，亚太经合组织会议作为一个智慧源，可以说对我智性的发展和第一视频的成长起到了极为重要的作用。

亚太经合组织工商咨询理事会的代表都是各个成员经济体中有影响力的顶级企业家，例如美国代表是通用电气公司的董事长，日本代表是丰田汽车的董事长，中国台湾地区的代表是中信金控董事长辜濂松，中国香港地区的代表是盈科集团主席李泽楷、冯氏集团主席冯国经等，他们都是全球知名大型企业的代表。工商咨询理事会每年召开三次，大家在一起讨论与亚太地区政策发展相关的各种具体事务，在这一过程中我自然要跟各国代表打交道，从中我感受到了各方代表的人格魅力，这也使我的思维受到了许多启发。特别是在 1999 年建立的工商界领导人和亚太经合组织领导人对话机制，更让我开阔了眼界。每年，一共有 63 名来自 21 个成员方的代表与领导人坐在一个大厅里，就亚太地区的重要问题进行讨论，连续数年下来我跟很多国家领导人都成了朋友。亚太经合组织的领导人可谓都是全球顶尖人物，同这些影响着世界发展格局和人类命运的顶级人物一起工作，他们的个人风度和处事风格对我产生了潜移默化的影响。

在为亚太经合组织工作的十几年中也正是我创立第一视频，并将其从小做大的阶段，在亚太经合组织工作中的许多小故事给我的启发和影响其实与第一视频发展的每一个时间点都遥相呼应。

1999 年 9 月 13 日，我代表中国亚太经合组织在新西兰参加亚太经合组织第七次领导人非正式会议。在会上美国总统比尔·克林顿问我："中国有很多企业反对加入世界贸易组织，你为什么反而鼓励加入其中呢？"我回答："经济全球化是未来的趋势，中国又是世界经济很重要的一部分，如果中国不加入世界贸易组织（无论少了哪个国家），世界经济就不是完整的，无论对世界经济还是对中国经济来说，都是一个很大的损失。"克林顿总统点点头，向我投来微笑。就是这一简短的回答，使我在那一刻开始思考另一个重要的问题。中国加入世界贸易组织意味着中国的市场经济将与国际接轨，这是大势所趋，中国经济的新拐点已经露出了曙光，改革开放的步伐正在加快，而我担任着国家体改委、国务院体改委所属中益国际经济集团（以下简称中益集团）董事长、党委书记的职位。在当时外贸体制改革的大环境下，国家取消了许多外贸方面的许可证，这使当时的中益集团没有了头上的"政策保护伞"。作为"船长"的我开始思考，如果没有政策的支持，完全进入市场化竞争后，中益集团未来的发展方向在哪里？

不仅是我所在的企业要面对市场化竞争，整个中国的企业都在所难免地在不久的将来进入一个"是生存还是死亡"的大环境中，这就是世界大势。我想到中国《易经》哲学的核心思想是"三易"，其中包括"变易"即"变则通"。如果要"变"，就要"先设定目标，再寻找路径"。只有明确企业转型的方向，才能选择达成目标的路径。

当时有几个可以考虑的世界经济发展方向：纳米技术、生物制药、互联网。这些都是世纪之交人们谈论最多的新名词，看起来每一个方向都大有发展潜力。尤其是生物制药，1999 年达沃斯世界经济论坛年会的中心议题之一就是基因革命，并将 21 世纪认定为生物工程世纪，可见人们对它的关注程度。

对此，我进行了许多研究和思考。生物制药虽然发展前景很吸引人，但这个行业需要投入的资金太大，而且生产周期长，不能快速、稳定地获得效益，对于正处在转型期的中益集团来说，风险过大，不够稳健。纳米技术作为一种新兴技术还不够成熟，即使投入大量资金，也无人敢保证一定能获得经济效益。互联网也是重要的发展方向，1999 年互联网大环境展现出蓬勃向上的态势。1993 年，在斯坦福大学攻读博士学位的杨致远创建了雅虎搜索网站，1998 年雅虎总收入达到 2.03 亿美元，利润总额 2 500 万美元。1999 年后，雅虎公司的股票市值已经接近 380 亿美元，超过波音公司。1994 年，31 岁的杰夫·贝索斯决定在互联网上销售产品，亚马逊网站应运而生。到 1999 年，亚马逊网上书店成为全球第三大图书销售商，拥有 450 万长期顾客。截至 1999 年 10 月，其收益达到 3.56 亿美元，自 1997 年公开上市到 1998 年底，其股票价格飙升了 2 300%。

我对互联网的了解，又要归功于我的夫人王淳，她是我进入互联网世界的领路人。她在美国和加拿大接触并认识到互联网的强大发展潜力后，于 1998 年回国开创了中国第一家网上超市——中国华天超市网，其成立时间早于新浪、搜狐、阿里巴巴，当时被誉为中国电子商务的发展鼻祖，而她作为中国互联网先行者的故事也有不少媒体报道，也是她使我对互联网有了切身的体验。

在亚太经合组织会议中对于中国入世后企业发展方向的思考，加之对互联网已有的感性认识，我意识到互联网是未来的发展趋势。在王淳的指导下，我们考察了通信增值业务市场，最终选择了电信增值业务，在 2000 年成立了中天通信产业集团，开始从事互联网的短信服务、彩信服务等，到了 2003 年，中天通信已经成为中国十大行业企业之一。我想自己能够在中国入世之际就带领企业成功转型进入信息产业，夺得市场先机，与我在亚太经合组织中的经历和思考密不可分。

1999—2001 年，亚太经合组织有两个“车轮”，一个“车轮”是倡导贸易自由化和商务便利化，另一个“车轮”则是倡导经济技术合作。由于中国在加入世界贸易组织前国内的经济政策和产业状态还未发展到允许我们去主动触及这一方面的合适时机，所以当时我们采取的态度就是其他成员在贸易投资自由化方面所主张的意见，只要对中国无害，我们就要顶住各方压力“跟着走”，多强调经济技术合作。那时我感到自己肩上的责任有几千斤重，能否顶得住其他成员方施加的压力影响着我身后十几亿同胞的利益。在这种高压力和高强度的周旋、平衡的历练下，我对世界的看法和观点都发生了很大的变化。

中国加入世界贸易组织后，我感到最明显的一点是，随着中国经济的快速发展，中国作为亚太经合组织成员的态度也在不断进行调整。从相对保守的“跟着走”变成非常开放的“带头走”。中国积极倡导区域经济一体化和全球经济一体化，在外交上开始崭露头角，逐步增强我们的实力。加入世界贸易组织后，在亚太经合组织的工作经历让我得以站在一个地区乃至全球的角度上来观察中国经济和产业的发展趋势，这驱使了我在2005年和妻子王淳一起创办了第一视频。

而当我开始运营自己创办的企业的时候，2008年全球金融危机爆发了，我制定出“剩者为王”的战略：没有实力带头走就“跟着走”，先躲起来韬光养晦，增强实力，到了一定程度以后再去大展拳脚、换道超车，这也是我在亚太经合组织经过的历练，从“跟着走”到“带头走”中得到的启发。

我时常说，从商到政难，从政到商易。其实这还是人性使然。商人通常唯利是图，但是参与政治要考虑到能否让大多数人接受自己的思想和观点。在政治上要求大同，存小异，自主、自愿、协商一致，这是亚太经合组织教我的合作方式。为什么从政到商成功的概率比较大？因为我们往往先构建大格局，然后再去聚焦商业利益，显然这么做成功的可能性大一点。

我对员工讲，“心胸有多大，事业有多大”。即使你没有大的心胸碰巧把事业做大了，最后那些事业还得缩回去，回到你心胸能承载的体量。干政治就要求人要宽宏大量，知道怎么能够容忍和求同存异，而在企业管理中，往往有能力的人都有一些缺点和个性，有些业务模式不一定完美，能不能有足够大的心胸去求同存异、协商一致非常重要。

中手游私有化的时候，我自觉地采用了亚太经合组织中求同存异、自愿协商的原则。我从来不强迫某一方必须接受我的价格，我通常是问对方："你愿意吗？你同意吗？你接受吗？"很多人在谈判中不敢问对方接受不接受，经常是一看对方好不容易接受了条件，就急忙催着对方签字了事。而我从来不这样，我要明确地问一遍："我说的情况，你是否接受？"当对方回答接受时，我才签字。我希望合作是双方协商一致，能对合同中的所有条款达成共识，当对方确认其中没有阴谋，合作自然就能快速地推进。

亚太经合组织中体现政治大格局和大智慧的故事有很多，首张中国亚太经合组织商务旅行卡的诞生就是其中一例。

在 2001 年上海亚太经合组织会议期间，我负责亚太经合组织商务旅行卡的相关工作，那是亚太经合组织一项重要的商务便利化措施。持有这张卡，人们在亚太经合组织各成员方中往来可以享受到多国预签证、直接出入，以及三年无须办理入境签证、走礼遇通道快速通关等。一次中央电视台主持人董倩在采访我时问到这张卡对商人来说有什么意义。我告诉她，曾经有一次，我要到日本去融资，如果不是因为我是亚太经合组织理事会的工作人员，持有亚太经合组织旅行卡，就和那笔资金失之交臂了。因为，如果没有亚太经合组织商务旅行卡我就要重新申请日本签证，需要一两个月才能申请下来，这就彰显出亚太经合组织商务旅行卡在关键时刻能够发挥的特殊作用。

然而中国在加入亚太经合组织商务旅行卡计划的进程中，就像加入世界贸易组织一样有着曲折的过程。当时中国要不要参加该计划以及如何参加，成为我们内部讨论的焦点。因为有人担心工商界人士拿着旅行卡和护照就能直接出国，会有国家安全层面上的风险。最后时任国家主席江泽民同志决定在上海举办亚太经合组织会议时宣布中国加入亚太经合组织商务旅行卡计划，但只是先做准备暂时不实施，等到时机合适再实施，这既避免了错过加入的时机，又规避了风险。因此在 2001 年上海举办的亚太经合组织峰会上，中国宣布加入亚太经合组织商务旅行卡计划，经过 2002 年一年的准备，到 2003 年胡锦涛主席上任以后才逐步开始正式发放亚太经合组织商务旅行卡。

经过方方面面长时间的努力，各个部门的顾虑逐渐被打消了。截至 2014 年 10 月，中国共发卡超过 4 万张，有效卡数量超过 3 万张，占地区有效卡总量的 18%，居各经济体之首。到 2016 年，我们向中央国企、地方国企、民营企业，还有外商企业合资成员发放了亚太经合组织商务旅行卡。亚太经合组织商务旅行卡一方面对中国工商界人员“走出去”，更深入地开展商务旅行起到关键的作用，为其节约了时间，提高了效率；另一方面其他成员向我们申请亚太经合组织商务旅行卡也为他们来到中国开辟业务、进入中国市场提供了商务便利。亚太经合组织商务旅行卡对中国企业的意义远不只是一份合同、一笔生意所带来的经济利益，它使中国企业家更加自信和从容地站在亚太经合组织地区的舞台上开展经贸活动；它使中国企业人员能在第一时间赶到智利矿难、日本核电站事故现场，并用一个个生动事例诠释着中国企业的能力和责任。

中国加入亚太经合组织商务旅行卡计划体现出的政治智慧，运用到做企业上也是一样的。现在要进入这个市场吗？要不要跟对方合作？可以宣布进入市场，但是等条件成熟以后再实施，就像第一视频在 2017 年进入网络体育游戏领域并签下中超版权和三年后再进入这一领域，两者效果完全不同。总之，做事把握时机非常关键，甚至决定了成败。

在企业经营战略上，我主张“只有伙伴，没有对手”，这也是我长期受亚太经合组织竞合思想的影响自然而然做出的选择。

早期的中国互联网企业竞争激烈，加上一些企业的领头人和企业本身文化内涵不深厚，相互之间的竞争白热化以后就变成了恶性竞争，在数据上拆台，甚至在形象上谩骂，互相攻击。当时我的想法是把所谓的恶性竞争变成良性竞争，把所谓的竞争变成竞合，把竞争伙伴变成朋友，在竞合的理念下让大家在和谐的平台上共同发展。

第一视频，包括第一视频旗下的企业，在所从事的领域中不乏竞争对手，在某些领域中的竞争还很激烈。例如，中手游所在的手机游戏市场竞争就很激烈，竞争的手段层出不穷，但是我一直告诉中手游的管理者，真正的高手要“不战而屈人之兵”，要想办法把竞争对手变成合作伙伴。中手游管理团队把这一点贯彻得很好，后来中手游里包括管理团队、骨干技术团队和游戏创意团队在内有很多都是原来的竞争对手，他们融合到中手游中，各取所需，各得利益，从而在更大的平台上发展。

我觉得潜移默化影响这种思路的因素之一便是来自亚太经合组织的理念。在亚太经合组织这个平台上各个成员方都是竞争对手，并非完全一团和气，但是并没有谁拿着枪炮通过战争解决问题，大家通过自主自愿、协商一致，最后达成一个共同目标。例如关税减让，不可能再用大枪大炮去让某一个经济体打开大门，降低关税，但是我们能够用利益、用各种制度性的安排说服他们，引导他们降低关税，最后形成一个亚太区域的共同体，大家的关税水平是一样的，大家的货物流动成本是一样的。而我在亚太经合组织中的工作，就是说服其他成员方代表接受我们的观点，这就是一种竞合的方式。

竞争的目标是什么？目标是核心，目标是共同发展，竞争不是竞争得越来越恶劣，最后打起来，把市场毁掉。因此我所主张的把竞争对手变成合作伙伴的竞合理念，现在广为互联网界所接受，互联网企业之间恶性竞争的事例越来越少。竞合理念对第一视频的发展起到了很大的作用。

在亚太经合组织的工作经历让我体会到参与大事就会让自己有大格局、有大心胸，跟大人物接触，自己也会潜移默化地具备一些大人物的素质。

美国第 52 届、第 53 届总统克林顿注重细节的事情给我留下了深刻的印象。美国总统四年为一届任期，在任期中会参加四次亚太经合组织会议，如果任期为两届，那就会参会八次。在亚太经合组织会议上，无论哪国领导人来到圆桌开会，大家都会称对方为“同事”。事实上每年都见面讨论工作，大家都成为“熟人”了，见面会热情地打招呼。

1999 年，在新西兰召开的一次亚太经合组织会议上——这是克林顿总统第二届任期将满前的最后一次参会——当他演讲完说“明年我就要走了”之时，会场内爆发出热烈的掌声。大家以掌声对他在任期间取得的成就给予肯定。可以说在克林顿时代，无论是美国本国经济还是世界经济的发展都出现了一个高潮，特别是互联网经济增长迅猛，可以说各国工商界人士都对他心怀敬意。

当他走下演讲台准备离开会场时，出现了我没有想到的一幕。在以往的峰会上，美国安全部门出于安全考虑，会让总统迅速离场，但这一次克林顿总统破例没有马上离场，也许他认为这是他最后一次来参会，下一次就见不到大家了。参会的代表排成了两排大约有 50 米的长队，他由女儿陪同着，开始和在场的所有代表一一握手道别。

他并不是快速地和代表握一下手就走，而是站在那里和对方聊会儿天，再一起合影留念，然后和下一位代表握手道别。当他握着我的手时，我感到那是一双有力的手，似乎给人传递了一个信息："我们都是为世界和平和经济繁荣在奋斗，加油！让我们互相支持！"他至少花了一个小时的时间和代表握手道别。他并不认识在场的每一个人，有的人还是从旁边跑过来和他握手合影的，他都一一接受。美国的安保人员在旁边一直盯着他看，却也无可奈何。最后他和所有人握手道别后，在排成的两队人中向门外走去，上车离开。

我想身为大国领导人，他表现出一反往常的举动是出于对自己政治生涯的留恋，想在最后一次参加亚太经合组织会议时，对共事过的人们表达感谢，希望给他们留下一个好印象。他确实做到了，通过最后一次的交往，他把自己的形象留在了人们心里。他表现出的性情和在细节上对每个人的关注让我深受启发。克林顿位高权重尚且能细致入微，展现其个人的风范和亲和力，我在今后为人处世各方面更不应该骄傲自满。

每当我参与亚太经合组织的重要协商，看到进口商品越来越便宜、税率越来越低、出口贸易越来越顺畅时，我都会格外有成就感，可以说亚太经合组织给了我一个充分施展政治才华的舞台，让我成长为一名有素质的企业政治家。

我也为亚太经合组织的发展提出了自己的建议，没想到这些建议曾被应邀参加亚太经合组织会议的中国国家领导人作为中国智慧的贡献引用在讲话中。

例如曾经有一段时间中国的贸易额中约一半来自加工贸易，这与供应链问题有关，并且当时中国处于国际供应链较低端的位置。因此如果能在供应链方面更好地协调规则和标准，将有利于我国出口贸易的发展。同时，在中小企业面临国内融资困境、发展受阻的背景下，如果这些企业能够积极利用供应链上已实现的成效，并进一步达成协议，则有利于我国企业更好地融入全球生产链，推动中国企业和行业的进步和升级。

基于这些背景，我认为中国应积极参与亚太经合组织供应链建设，为此我提出了以下具体措施。

第一，加强国内供应链的建设。我国供应链建设存在组织结构不完善、供应链成员缺乏合作意识、物流系统敏捷性和灵活性不足，以及企业信息化建设滞后等问题。加强国内供应链的建设主要包括：推动企业改变观念，重建业务流程与组织结构，加强核心业务建设，将非核心业务外包，使企业内部供应链外部化；在更大范围内优化供应链合作伙伴的选择，以确保有效、省时、低成本采购和市场进入；降低信息的获得成本，拓宽信息传播渠道；与上下游企业之间建立紧密联系，加强上下游企业供应链协作。

第二，强化与亚太地区供应链对接。积极参与亚太地区供应链建设能够帮助中国企业建立稳定的供销关系，使中国企业能直接了解国际市场的运行规则和需求。因此，我国企业应当转变思想，树立积极参与国际供应链的观念，提高对跨国供应链一体化管理水平的认识；建立合理的利益分享机制和利益协调机制，对为了实现系统目标而使个体目标受损的企业给予一定的补偿；依托亚太区域供应链推动产业集群的形成，增强竞争优势，改善外商投资环境。

第三，重点提升中国在跨国供应链中的地位，改变中国企业在跨国供应链中大多还是处于跨国公司海外供应商地位的现状。在参与亚太经合组织供应链合作中，中国企业应该不断拓展自己在海外的采购、生产、配送、销售体系，积极寻求向跨国供应链上主体地位的转变，作为主体主动地在更广的范围内参与国际市场的竞争，进一步提升自身的竞争优势。[①]

2008年11月，因过去十年在亚太经合组织做出的贡献，中国国际贸易促进委员会会长万季飞向我颁发了杰出贡献奖，这让我在外交部、经贸部以及很多企业家之间赢得了“企业外交家”的称号。经历了国际经济形式的剧烈变化和金融危机等诸多大事件后，我认识到亚太经合组织作为我国重要的外交平台可以为中国参与世界经济的共同繁荣做出更多的贡献，而这个舞台给我个人提供了施展政治外交才华的空间，让我得以陶冶自身情操，保持和世界大格局的联系。保持和世界上最有影响力人物的联系，对于能够让我在这个大格局上吸取新鲜的血

---

① 《APEC供应链合作为中国企业创造良机》，中国新闻网，https://www.chinanews.com/cj/2012/09-06/4164903.shtml.

液和养分，坚持创新，带领企业的发展起了重要作用。

心胸有多大事业就有多大，我会珍惜每一次参与亚太经合组织事务的机会，不断拓宽自己创新的眼界。在未来我也应帮助中国企业更好地走出去，为中国乃至亚太区域的经济发展而继续活跃在亚太经合组织舞台上。

第五节　第一次“触屏”和“触网”

回想起我创办第一视频集团的历程，我不禁会在记忆里追溯到 20 世纪 80 年代自己第一次“触屏”和“触网”的经历，那也是我人生中重要的一次“科技尝鲜”。尽管我在互联网行业里摸爬滚打多年，终日与最先进的科学技术和科技产品打交道，但我第一次接触电脑却还是托女朋友的福走了后门，每每想起这段往事，我不禁莞尔。

那是 1988 年的 4 月底，中国五矿集团要求我准备一份自己的简历。当时人们的简历多是手写，也有要求高的会去五星级酒店商务中心花钱请人打印。我会用打字机，希望能亲手打印一份自己的简历。当时还是我女朋友的王淳曾经提起她单位购买的一台电脑将要到货，我便惦记着能“一亲芳泽”，不仅能借机打印简历，还能满足我对高科技产品的好奇心。要知道在当时电脑对普通人来说只是听说过，却都没见过，更别提触摸和使用了！1958年中国才有了第一台电子管计算机，一台机器就占满了一间屋子。后来有了晶体管计算机和集成电路计算机，但体型也都小不了。直到1985年“长城286”诞生后才有了国产的微型计算机，也就是俗称的电脑，不过由于产量小，国内的电脑大部分是由中科院计算技术研究所下属成立的新技术发展公司代理进口的国外机器。而不论国产还是进口，电脑都是“尖货”，全中国的电脑加起来也不超过一万台，要不是王淳所在的医院的技术科有科研需求，普通单位是舍不得购买电脑的。

我将想法告诉了王淳，她便放在了心上。没多久我接到她的电话。

“我们单位买的电脑到货了，我看看能不能申请让你来打印简历！”她在电话里兴奋地说，电话这头儿的我高兴地差点蹦了起来。这新来的电脑是国产的还是进口的呢？我心里好奇起来，恨不得立刻插上翅膀飞过去看个究竟。

“要用这台电脑得跟领导请示，要是批准了，你还要在下班的时间或者是我值夜班的时候才能来用，不能打扰别人工作。”王淳在电话里继续说道。

“行行，只要能去打印简历，什么要求我都答应！”我知道她是个讲原则的人，不会为了我假公济私，而且她讨厌偷偷摸摸的行径，非正道不走，不可能私下里放我进去用电脑。虽然走正式申请未必能获得批准，而且即使批准了规矩还那么多，但我赞许她这样做，在这点上我们是相似的。

她笑了起来。“什么要求都答应？好啊，你还别说，机房的要求多着呢，”她顿了顿继续说，“机房必须保持整洁、防尘，进机房前要洗手、脱鞋，穿机房的拖鞋进来。每让电脑工作 40 分钟，必须让它休息 10 分钟，充分散热……”

“工作 40 分钟，休息 10 分钟，这机器真金贵，比人还劳逸结合。我见你爸还没这么隆重的礼节呢！我有点紧张了。”我打趣地说道。

“确实金贵，我们专门给它设了一间机房，还专人看管呢！”她说。我赶紧答应下来。

也许是王淳诚恳的态度打动了她的领导，原则上只允许内部人员使用的电脑竟然向我招了手。在王淳通知我获准使用电脑的第二天，正逢她值夜班，我便兴冲冲地“拜见”电脑去了。

到王淳单位时已是晚上七点，我朝二楼机房走去，远远望见王淳在门口等我。我换上了拖鞋，推开机房门，门上挂着一块牌子，我见上面写着“机房重地，闲人免进”，心里生出一丝神圣感。

进屋后我觉得脚下的地板都跟平常地板大不相同。“这地板踩上去挺有弹性的。”我好奇地打量着脚下自言自语道。

“这是聚氯乙烯弹性地板，防静电、隔音、保温还防尘灭菌。”王淳说。她走到屋子中间的桌子边，掀开蒙在电脑上的布，我看到了一台长得四四方方的米色机器横在桌面上，上面是一台胖墩墩的显示器，边上有一台针式打印机。我想起了美国《时代》杂志将1981年的年度风云人物大奖颁给了于1981年8月12日正式推出的IBM个人电脑（IBM 5150），也正是从那一年开始，微型计算机和它的克隆机开始进入全球的企业和家庭。眼前这台电脑就像杂志上电脑的延续，正是新款的IBM 286。这样一台小小的机器即便是大陆的拼装货都起码要七千元，原装的至少过万元，这能买五台聂耳牌钢琴了，甚至比有些自住的房子还值钱。

我小心翼翼地打开机器，进入了汉字处理平台。尽管一开始连回车键和删除键都找不到，但值得庆幸的是我到外贸公司参加工作时曾经猛练过用老式打字机打外贸单据，凭着一手娴熟的打字技术，我很快就打完了简历。

“这么快就打完了，真行啊！”王淳见我敲了一通后凑了过来。“哎呀，你不是1963年出生的吗，怎么打成1993年了？要活到未来去啊。”王淳指着屏幕一处说。

我一看果真是自己打错了。“走到时代前头去不也挺好，”我自嘲道，“王淳，不知道再过十年这世界会变成什么样。你想过未来吗？”

王淳陷入了沉思，灯光映出她秀丽的脸庞剪影，她的眼睛是那么亮，闪烁着光彩。“我希望未来我们能有自己的事业，不管是过十年、二十年，还是多少年，这份事业都能与未来相连，引领着时代。”她说。

“说得好！”我赞许道。我们俩默然无语，注视着对方的眼睛，仿佛能从视线中走进彼此的心间，从寂静里听见心语。除了她，能知我心、明我意的还有何人呢？

王淳很快打破了沉默，把我的思绪又拉回到简历上。她检查了几遍简历，发现共有四处打错的地方。我改好文档后接上打印机，装好带孔的打印纸开始打印。打印机发出“刺啦刺啦”的响声，我俩盯着打印机一行行地打出字来，整个过程既新鲜，又让人有成就感，连同这噪声都成了天籁。然而王淳看了打印件后发现还是打坏了，不知道手误碰了哪个键盘按键，把插入模式变成替换模式后误删了一些字。我们又捣鼓了一会，依旧搞不定修改和打印环节，最后王淳便下楼去请救兵。等她再回来时，仍然只有她一人，原来我们只顾着钻研而忘记了时间，此时已过下班点，单位里哪还有什么技术人员。

我想，如果把打印出来的简历涂改一下也能用，但是这有什么意义呢！细节处才最能见真功夫，既然选择了打印就应当打得完美。想着这一次得来不易的上机机会，我一跺脚说：“今晚就耗在这里了，我不信打不出来。”我让王淳下楼休息，自己在机房里一次次地改，折腾了一晚上。早上七点王淳惦记着我又上楼来跟我一起捣鼓，打印机终于输出了准确无误的简历，我俩拿着人生第一份完美的打印简历会心地笑了。

对我来说，冥冥之中王淳如同一位引路人，通过她我不仅接触到了第一台电脑，还机缘巧合地接触到互联网。而她的直觉、勇气和行动力常常叫我暗暗佩服。

王淳大学本科从医学院毕业后，曾经一度在天津最好的一家医院担任医生。她本可以端着铁饭碗享受无限风光，却跟随我来到北京，改行到一家央企外贸公司工作，在新岗位上从零开始打拼。由于工作表现突出，1996年她被派往北美地区工作，我们便靠越洋电话保持联系。

有一天，我接到王淳的电话，她的语气中透露着低落的情绪。

"受了什么委屈吗？"我问。

她说："我住在加拿大这边的朋友家。今天我打电话给你，她说我必须付电话费，不光要付这次的，连同之前发给你的所有传真都要付钱。外国人到中国来，中国人都是热情又实在地付出，但等中国人到了国外，他们却那么计较。"

我哑然失笑，但想到她孤身一人寄人篱下，本以为在异乡找到了相对安稳的依靠，却因为被计较这点费用而觉得没有被对方接纳，处在那样的环境里有这样的失落感也很正常，我不由心疼起她来。

我赶忙说："你这么国际化的一个人怎么把文化差异给忘了。那边是资本主义国家，友谊归友谊，金钱归金钱，锱铢必较是为了保持个体独立性，不只是你的朋友会这样收你的钱，不信你去加拿大其他地方看看，子女跟爹妈算账还算得门清呢！”

“那倒也是，”她语气平缓了下来，“可是我往后还得给你发传真，发传真虽然比打电话便宜，但一个月也要六七百加元。算钱的感觉总是不好，要是有免费的联系方法就好了……”的确，六七百加元并不是小数目，要知道1995年初全国人均月工资大约才460元人民币，在北京花上6块钱就能买到一斤猪肉了。

她在电话那头儿陷入了思考。“有了！”她突然兴奋地说，“昨天我去另外一个年轻朋友家玩，她用电脑在互联网上冲浪，还跟她在美国的朋友发邮件，她说只要有互联网，不管在全世界的哪个地方都能联系上，还免费。让她把互联网介绍给我，咱俩就可以免费联系了。”

我一听到互联网也来了精神，直觉告诉我，又可以跟着王淳尝到国外最新鲜的科技成果了！

此时无论是国外还是中国，电脑使用环境和1988年我们第一次接触电脑时相比已经发生了翻天覆地的变化。在国外，尽管雷·汤姆林森在1971年就发明了电子邮件，但由于网络速度慢等原因，电子邮件一直没能普及。到20世纪80年代中期，随着个人电脑的兴起，电子邮件开始在公司及大学校园中传播开来，不过要发送一封电子邮件依然是件麻烦事，直到1994年网景（Netscape）等公司相继推出浏览器和电子邮件程序，全球网民人数激增，电子邮件才普及开来。

再看中国，20世纪90年代早期，代理国外电脑起家的中国代理商开始走上从模仿到创新的自主生产之路，例如中科院计算技术研究所下属的新技术发展公司改名为联想，并在1993年制造出了第一台联想586，电脑已经不再是普通人梦里才能见到的金贵物件，家庭中可以用来展示品位和小康的物件不再是彩电，而是台式电脑。学电脑成为中国大陆的新时尚，理工科大学里最热门的专业不再是“自动化”，而是“计算机”。邓小平同志的一句“计算机教育要从娃娃抓起”更鼓励了家长让孩子尽早接触电脑，虽然自己家里还买不起，但一些少年宫、科技中心和科协专为孩子办起了“娃娃电脑班”，全民学电脑的风潮一时兴起。

更具里程碑意义的是，在1987年9月20日，中国第一封电子邮件从当时的兵器工业部下属单位——计算机应用技术研究所——成功地从北京向海外发出，从此拉开了中国互联网时代的大幕。首封电子邮件呼应了正在进行的改革开放，向世界传达出中国人要走出国门走向世界的雄心——“飞跃长城，走向世界”（Across the Great Wall, we can reach every corner in the world）！这封邮件如同预言一般，之后中国与世界——不论是在真实世界还是在虚拟世界里都加快了连接的步伐。1990年，随着中国顶级域名CN注册成功，中国的网络有了自己的身份标志。到了1994年，中国实现了互联网的全功能连接，从此被国际上正式承认为有互联网的国家。

1995年中国正式连上互联网才一年，接入互联网服务的单位并不多，此时我在中国五矿集团综合贸易部担任副总经理一职，在工作方面我有意识地想走在外贸前沿，也为此替所在部门申请了互联网接入服务。当时恰好网络刚申请下来，我正好跟王淳学习一下。王淳跟她的加拿大朋友学习了通过互联网收发电子邮件，又教会了我如何使用，当时她用的正是最时髦的科技公司——网景公司的程序。

就这样，因为王淳，我又学会了互联网冲浪和收发邮件，紧密地跟上了国外最新的科技动态。互联网，这一充满魔力和未知潜力的新生事物，在未来还能发挥什么作用？作为尝到互联网甜头的第一批中国人，我们对互联网满怀憧憬，创新的种子在我们的心里悄然萌芽，也让我们的心在这相隔万里的交流中越走越近。

第六节　从华天超市网到第一视频

在国外的经历拓展了王淳的眼界，在北美地区工作的那段时间里她对互联网着了迷，不仅学会了上网，还开始关注国外互联网企业的最新动态。她对雅虎、亚马逊这些新兴互联网公司的业务模式很感兴趣。她告诉我，亚马逊公司的创办人杰夫·贝索斯原来是一家金融服务公司的副总裁，为了抓住互联网热潮，他辞去工作搬到了西雅图，在1995年7月成立了亚马逊，而公司使命就是“让世界上每个人都能看到书”。“真了不起，咱们中国也一定会有这样的公司的！”她说。

时间过得飞快，我和王淳都意识到尽管中国的经济环境与国外发达国家相比还有差距，但中国呈现出的日新月异的朝气感是世界上任何一个国家都无法比拟的。王淳跟我感叹道：“虽然在国内今天这里挖了路，明天那里开条沟，人们会抱怨这些给生活带来了不便，但每天大家都感觉在往上走，人们也是精神抖擞、努力工作，但是在加拿大可以说十年里一个城市都没有什么变化。作为商人留在那里不适合。”我们决定不能在国外开展事业，一定要回国。

1998年，王淳结束了驻外工作，回到北京。那天我去机场接她，两人好长时间未见，一路上有说不完的话。

“你还记得我跟你提起过的亚马逊网络书店吗？”她问。

“当然记得，听你说亚马逊销售的书的品种虽然还比不上咱们王府井书店的多，但是那种商业模式真是闻所未闻，让我大开眼界。”我说。

“去亚马逊买书有1~3折的折扣，而且不用开车去实体书店买，想看什么在网上下单，用信用卡付款，他们就给寄过来。我在美国的时候还试了一回他们的服务，方便极了。”她说。

“咱这儿还没有这样的网络书店，吃网购这只螃蟹的第一批中国人里一定有你。”我羡慕地说。

“亚马逊成长得可快了，现在早就不是 1995 年那时候的规模了。他们去年上市了，到今年股票价格涨了 2 300%，你说厉害不！”她越说越兴奋。

“厉害，听起来真像个资本市场的神话。说明这种商业模式在未来大有发展空间，投资人都看好它。”

“我们单位正在搞转型，我觉得电子商务是个好方向，”她说，“书可能不是最满足咱们国内需求的商品，我想除了卖书还可以卖超市里的日用品，还可以提供免费的生活资讯，比如商场打折信息。你觉得呢？”

我想了想，以我在外贸公司工作的经验来看，体制内的单位要转型去做闻所未闻、国内也没有成功先例的电子商务，这个跨度实在有点大。但是我不愿意给对电子商务充满憧憬的王淳直接浇上一盆冷水，她应该去尝试，哪怕在现实中碰壁也会对她在国内的发展起到夯实地基的作用。

“电子商务是个好方向，就是你得做足功课调研清楚国内情况，然后再去跟单位提建议。毕竟这在国外也是新生事物，要让领导多了解它的潜力，他们才愿意尝试。”我说。

王淳回来后，利用业余时间在一个月里走访了多家超市，调研了顾客的需求，准备了一份关于国内外电子商务的调研报告交给单位。她所在的外贸公司还为此专门成立了调研小组，继续深入调研。然而，就如同我所担心的那样，最终因为电子商务在国内太罕见了，王淳的网络超市计划没有被批准。当王淳告诉我这个坏消息后，我并不意外，但她的决定让我吃了一惊。

“他们不愿意做网络超市，那我自己做。”她说。

“自己怎么做呢？外贸公司那么忙，不立项哪里有时间给你做呢？”我问。

“我辞职也要把这个网上超市做起来。互联网能让老百姓省钱，一定有前途。我要在互联网行业创业。”她平静地说，像是已经思索许久后做的这个决定。

国内接入互联网没多久，只听说过刚在北京成立的新闻网站千龙网，还是官方办的，个人做网站能挣钱吗？能成气候吗？但是我知道她的脾气，下定决心做一件事，就是十头牛也拉不回来。看她这些年一路折腾，从本科学医进了医院，砸掉铁饭碗去做外贸，从国外熟悉了外贸业务，再去做没什么人知道的网络超市，她可真是叛逆和先进，但又应了那句俗语，“不是一家人，不进一家门”。

“好，我支持你。”我说。

“无条件支持？”她朝我笑道。

“对，无条件支持。”

“那你当我的第一名业余员工。没有薪水，但是我可以定期奖赏，下馆子犒劳你。”她忙着创业，根本就没有时间做菜，我们平时的伙食都是请小时工来家里做点家常菜对付一下，想想定期下馆子我就流口水，当免费员工也不错，我连忙答应。

建网站需要在服务器托管处开通账号，然后去南城的一处派出所登记备案，备案后可以获得一个网站专属的电子邮件地址。搞定这些手续后，我们买了一只上网用的“猫”——连接电话线后会“嘶啦嘶啦”叫的调制解调器，便开始了创业。

我们结婚后租住在北京车公庄一个塔楼的一居室里。王淳给即将创办的网络超市命名为“中国华天超市网”，我们的小屋便成了中国第一家网上超市的创业办公室。她去书店里买回来 Frontpage 网页制作教材和 Photoshop 图形处理教材。她当“一把手”，学习制作网页，而我晚上下班后当她的助手，学习用 Photoshop 处理图形和做简单的动画。

等我俩把教材啃透了，就合力开始做网站，从设计网页、网页编程到制作图片和动画，全都靠我们两个人。网页做好了，但是没有内容和产品，于是她白天背着这台近五斤重的 IBM 电脑和上网“猫”一家家地去拜访潜在客户。她顶着烈日去了北辰超市、王府井的超市、西单百货等一些地方，而对方总会先问“什么是互联网”，她就打开电脑连接上网“猫”给对方上网演示，先给对方普及互联网概念，然后再告诉对方她可以免费把商品放到华天超市网上。对方听后愿意配合的就把纸质的优惠宣传单给她。就这样她拜访一圈就拿回来一堆优惠单。

晚上等我下班后回到家，我们一起做饭吃完后从 7 点开始一起做网页。我把优惠单扫描进电脑里，再把用软件处理后变成电子格式的图片和动画传给王淳，她再上网把商品文字描述和图片放进网页。因为我第二天要上班，做到12点我就去睡觉，但她还不睡觉，通宵在电脑边工作。这种老式的形状如同有着大屁股的显示器在夏天发热十分厉害，在它边上像烤着小烤炉。

到了白天，王淳便带着电脑和网页去参加各类展会活动进行推广。好在网站慢慢发展了起来，因为在国内史无前例，有了一定的影响力，最后被政府关注，中国风险投资之父成思危还曾前往王淳在北京展览馆里的一场推广活动，专门看一看这个华天超市网到底是什么样。当成思危来到华天超市网的展位时，我们俩正在向对网站感兴趣的人分发印有华天超市网品牌的纸杯，这是王淳定做的一批小纸杯，推广效果不错。我们见到成思危时都觉得很意外，激动极了，向他介绍了互联网和网络超市的概念和前景后，我们的展位也被人挤得水泄不通。

转眼到了1999年底，网站已经创办了起来，向中国的网民提供包括各地各大商场的最新购物打折信息，在线预订酒店，网上购书，提供最新电影信息等服务。随着“中国第一家网上超市”知名度的扩散，网站开始收到订单。有两笔订单让我和王淳备受鼓舞，其中一笔是在网上卖机票，获得了机票代售处的佣金，另外一笔是有用户通过网站订房，酒店给了我们佣金，两笔一共获得了约26元，虽然不多，但那是真正从商家拿回来的钱。彼时，王淳一直关注的海外榜样亚马逊网站已经成了全球第三大图书销售商，拥有450万长期客户，在短短五年里它从一家在车库里创业的公司变成了收入超过3亿美元的上市公司，这家公司的发展历程也更加坚定了我俩做互联网的决心。

如今回过头来看这段我们一起开垦互联网的经历，辛苦但又格外充实。尽管并没有从中赚到许多钱，但我们跻身到中国互联网创业的第一批人中，与当时瀛海威的张树新和实华开电子商务公司的曾强，一起成为开拓中国互联网事业第一批人中的一员。①

如果说王淳让我对互联网有了初步了解，那么为王淳的华天超市网“打工”使我对互联网有了深刻的感性认识，感到互联网是真正的未来发展趋势。理论让人有科学的思考方式，感性能让人接地气，而企业家的决策与感性认识密不可分，那是企业家的第六感。这一次身体力行的互联网实践促使我真正地进入互联网行业，深深体会到互联网是什么，能做成什么，并一步步摸索，融入其中。

20世纪90年代末，中国的互联网土壤迅速发出新芽，更多人在国外接触到互联网后，认定互联网是未来的方向，投身于互联网创业潮流中。网易、搜狐、新浪、阿里巴巴等网站纷纷正式上线，一时间中国互联网成为新兴产业，备受瞩目。

基于之前互联网的创业，我对通信增值业务的市场进行了

---

① 《第一视频COO王淳获中国电子商务百人荣誉纪念奖》，搜狐网，http://news.sohu.com/20081120/n260756393.shtml.

详细的考察。王淳作为中国互联网时代的先行者，由她给我做指导，我有了事业的支点。通过考察我们认为，信息产业无论是对中国还是对全球而言，都是今后发展的一个方向和基础。最终我选择了信息产业的电信增值业务，并于 2000 年成立了中天通信产业集团，开始从事互联网的短信服务、彩信服务等，并与中国电信、中国移动、中国联通等进行合作。我带领企业迈出了转型的第一步，这也是我个人主动迈向互联网所做出的第一个选择。

之后我在互联网这条道路上越走越远，2005 年 6 月，我和王淳并肩创业，共同创办了第一视频集团。在我们夫妇第一次创业 7 年后，当年我们共同的梦想——“能有自己的事业”——终于成真了。而就像当初的目标那样，“不管是过十年、二十年，还是多少年，这份事业都能与未来相连，引领着时代”。为了这一目标，我会一直奋斗下去。

第三章

上市（2005—2006 年）

第一节　造林养鸟，借壳上市

早在 2000 年，我还在国务院体改委所领导的中天通信产业集团担任董事长时，就注意到了全球互联网格局开始发生变化，这种变化伴随着世界经济的变化，包括全球金融危机的变化。果然，2000 年 3 月 10 日纳斯达克指数到达 5 048.62，人们在欢呼这一创历史性的攀高后，不久便见证了全球互联网第一波泡沫的破灭。

互联网产业在洗牌，未来将何去何从？面对这一十字路口，我冷静思索后断定互联网技术方兴未艾，这股大潮是阻挡不住的。我的第一个判断是信息产业会继续影响世界格局的发展乃至中国经济格局的发展，因此我必须选择信息产业。我的第二个判断是互联网技术的发展速度会越来越快，手机和与手机相关的视频业务将会成为人们生活中必不可少的一部分。

2005 年 6 月，我同王淳决定创业，综合了上述两个判断后，我们决定要做以移动互联网为依托的网络视频业务。那一晚定了创业方向后，我们俩开始给新公司起名字。

“名字就像脸，第一印象太重要了，必须有意义，还得叫得响亮。”王淳说。

经过长年思考，我心中早已经起好了公司的名字。我说：“就叫第一视频。”

“你可真有野心，要做成视频行业里的第一。”王淳说。

“我这个‘第一’跟你想的‘第一’可不一样。未来一定会人手一部手机，网速会越来越快，网费会越来越便宜，不用再守着电视看视频，打开手机就能看。你想象一下，就算在路上也能随时看球赛实况直播，看新闻，看每一个人的直播，这多酷啊！”我说，“手机将会成为人手一个的第一屏幕，第一个在屏幕上播放的视频毫无疑问就是第一视频。”

王淳听后连声说好。我继续说道：“我们沿着这条思路引申开去，可以把它做成中国的第一视频，网民的第一视频，世界的第一视频。”

“这三个第一总结得太到位了！”王淳不住地点头，眼睛里都是赞许。

“创业要有一个态度，我希望我们的态度是稳健、扎实。做事必须要合规、合法、合理。”我对王淳说。她完全同意，从个性上来讲，我们俩都偏好稳健踏实的行事风格，因此只要坚持，做到这点对我们来说并不难。

我强调态度是因为2005年中国互联网行业里流行一句话——鸟大了什么林子都有。这句话的潜台词就是先不要管监管和政策，有漏洞就钻，先做大，做大了以后再去要政策和监管，到时候政府一定会让你合法落地。而我不认同这种做法，我要反其道而行。

“我们要先造林，后养鸟，才能把鸟养大。”我坚定地说。在自然界中，如果没有树林，又哪里来的鸟呢？

“我支持先造林后养鸟。然后第一视频还要积极争取上市。”王淳说。

我点点头。其实在我内心深处对王淳有些愧疚，因为早在她创办华天超市网时，就说想上市。而我当时认为企业还没多少盈利就想上市未免异想天开，但在随后的几年里我渐渐认识到实际上她当时的思想比我先进，那时我对风投、P/E（市盈率）、基金这些概念根本不了解。如果当时我努力支持她，真的让中国第一家网上超市上市融资，也许今天中国的互联网行业格局就会因此而发生变化！

于是，我们先去跟政府相关部门联系，研究了政府部门的管理规章制度，率先把第一视频的合规建好，申领到开展业务所需的视频许可证和网络内容服务商许可证。这种做法在行业内颇为罕见，因为随着风险投资的进入，许多视频公司如雨后春笋般冒了出来，绝大部分人都忙于抢滩市场，他们的思路是把用户群做大，把活跃用户做起来，提高市场占有率，然后去资本市场变现，最后再去拿政府的相关资质。从发展战略上看，这不失为一个抢占先机的策略，然而我不觉得这符合国家倡导的绿色发展、健康发展、有序发展的方向，即使钻了漏洞在短期内获利，也缺乏长远发展的根基。

就这样我和王淳齐心协力先把第一视频联播网旗下所有业务的许可证办妥，这花去了在别人看来宝贵的抢滩时间，但我们相信这种稳健扎实的创业态度必定会给企业带来长久的生命力，先慢才能快。之后不久的上市经历旋即验证了我们的想法，更让我们坚定要把这种态度保持下去。

第一视频联播网成立后，为了快速扩展业务，我们同步加快了上市融资的脚步，然而上市对于一个新成立的公司来说谈何容易。

如果采取直接上市的方式，无论是在国内还是国外，第一视频都不具备任何上市的条件。因此，我只有一个选择，那就是"借壳上市"，通过非常手段跟资本市场迅速接轨，以解决第一视频的生存发展问题。

所谓借壳上市，又称"逆向收购"，是指非上市公司购买一家上市公司一定比例的股权来取得上市的地位，然后注入自己的有关业务及资产，实现间接上市的目的。借壳上市的操作方式在资本市场发达的美国已经有了几十年的历史，20 世纪 90 年代以来平均每年都有至少 500 起案例，但是真正成功的案例屈指可数。有人从 1999—2001 年在美国买壳的案例中选取了 50 起规模较大的案例进行分析，发现标准普尔小盘股指数增长了 11%，而同期这 50 家公司的平均价值却下跌了 67%。

不过同新股首发相比，借壳的好处是快，因为这对试图借壳上市的企业的要求低很多，同时在程序上也可以省去相当多的麻烦。因此，有人把借壳叫作“抄近道”。借壳上市这种“抄近道”模式和在经营中的“潜规则、走捷径”不同，借壳上市是一种市场经营行为，要想借壳必须按规则达到市场要求。因为这样的“抄近道”并不违反法律法规，所以我大胆提出“借壳上市”，尽快上市融资以快速发展第一视频。

然而借谁的壳呢？这是一个难题。我们通过各种渠道寻找着合适的“壳公司”，我和公司财务部的负责人频繁出入各种投资洽谈峰会，在这期间认识了很多银行家、券商、理财师，以及一大批国内外显赫的商人。

2006 年初，几经周折，我认识了当时香港益安国际的大股东。当时的益安国际是一家上市公司，正在寻找适合投资的新项目。我得知这一消息后做了调查，了解到益安国际是一家主营业务涉及投资控股、中药制造、贸易和承包的公司，有意向出售其上市的壳。

经过双方初步沟通，益安国际对第一视频表现出相当浓厚的兴趣，而其中一个重要因素恰恰是第一视频拥有当时国内互联网视频企业里最完善的经营资质。如果我们也像其他创业者那样为了得到风险投资的青睐，只顾着抢占市场份额，那么成立一年的第一视频将与这一借壳机遇擦肩而过。太多人忽略了一点，即资本关注的前提和基础是上市的主体，法律主体的基础打得牢，自然更容易获得关注。

实践再次证明机会是留给有准备的人的，“先造林后养鸟”的战略在借壳上市的过程中初战告捷。然而上市之路非坦途，等待我的还有许多波折。

进一步沟通后，益安国际一方表现出了相当大的诚意，不远千里从香港地区飞到北京和第一视频进行洽谈。我把和投资者的第一次正式会谈安排在北京的中国国际会展中心。

2006 年 3 月的北京，春寒料峭。在北三环的中国国际会展中心 15 层，“益安国际”和“第一视频”坐到了一起。那天，当益安国际代表高应麟进入会议室时，我眼前一亮，他身材高挑，一头英国绅士的白发，着一身笔挺西装，气质斯文、儒雅。随行的 10 余人均为香港的名流望族，甚至益安国际的律师团都是由香港特区人大代表、声名显赫的大律师温嘉旋亲自带领。

100 多平方米的会议室布置得隆重而喜庆，双方礼节性地寒暄后，切入正式的谈判对话。然而随着谈判的进行，我感到双方的对话越来越不顺畅，每说一句话都像对着空旷的山谷喊话，会议室里传来的沉重回音仿佛是有闲杂人员在闹场，会议开得时断时续。这其中的原因除了香港方言和普通话用词的语意一时无法被对方完全领会外，更大的难点是对方提出的借壳上市条件太苛刻，以及对第一视频的估值远低于我的心理预期。我想虽然第一视频面临着资金短缺的困难，但在我的观念里坚信第一视频的前景广阔，我的能力不可小觑。

会议开到近晚上 9 点，双方不欢而散。

我原本对谈判预期挺高，还定了亚运村一家高档餐厅准备会后宴请对方一行人，不料谈判卡壳，双方都意兴阑珊，亦无心再聚，这顿晚饭也作罢。会后我和王淳与战略投资部的同事随便吃了点夜宵。

此后，我们战略投资部的同事又和对方就相关的合作条款本着求同存异的原则进行了多次商谈，经过三个多月的磨合，双方在合作条款方面基本达成一致，但是对方在对我们估值部分的让步不大，这一点我不太满意。由于按照有关上市规则，对方的壳公司也不可以长期没有主营业务，他们确定了最后的签约期限，否则就要另寻别家了，这样，香港地区的团队来到北京，就最后的签约和我进行商谈，他们提出了最后的条件和截止时间。当然，我要消化一下，因此，我们暂时休会。

当天会后，我一直到午夜也不能入睡，我回想着谈判时的对话，越想越气。“不干了，太不公平了！他们怎么会这样定价？这么定，他们得到的太多了，完全低估我，”我恨恨地说，手一甩把手机摔在地上，“不干了，明天不签了！”

我让同事立刻打电话通知益安国际的代表明天早上不签合同了。结果对方反应十分平静，答复说不签就不签了吧，便挂了电话。

王淳陪在我身边，过会儿见我渐渐平复情绪，便对我说：“你太要面子了，你把自己的自尊心放在了公司发展之上，这是你的不对！”她开始做我的工作，“想一想你的梦想，只有上市才能获得资金把业务做大，才能发展公司，否则你的梦想又怎么能实现？我们一定要把上市谈下来！绝不能丧失这个机会！”

王淳是公司的执行总裁，在工作中她雷厉风行，是一位受人尊敬的女强人，但对我的决定她总是全力支持，生活中更是对我体贴有加，很少会不顾我的感受，对我那么严厉批评。我了解她，甚至有时比了解我自己还多，我们既是夫妻，又是事业上的战友，彼此都将对方放在心里最高的位置。但这一次她一反常态，不停地在我耳边念叨个没完。我虽然心里恼火，却也隐约觉得自己应该相信王淳的判断，她对公司状况了如指掌，她这么坚持一定有她的道理。

我开始反思自己，的确如王淳指出的那样，其实我骨子里是一个自尊心强、将荣誉放在金钱之上、不愿对钱低头的人。我的父亲在我只有四岁时，便因为工作出色受到毛主席的接见，他曾经抱着幼年的我去见毛主席。家里人打小就逗我说：“你可是毛主席摸过顶的孩子啊！”从小家境宽裕，让我对金钱没有概念，更不会因为钱让自己受委屈，我是从骨子里厌恶和反感社会上“有钱能使鬼推磨”的风气的。

再细想，如果撇开自尊和面子问题，难道我怕公司吃亏的观念错了吗？想到中国古语曾说“吃亏是福，亏中有福”，我突然明白了。如果我自以为是地过于高估自己，不签上市合同，那么第一视频上不了市也集不到资，最后烧完钱后公司缺少继续发展的资金，只有死路一条。如果我连自己的一点情绪都战胜不了，又怎么能够带领团队克服未来更多未知的困难？我要答好这道考题，超越自己。最后我一拍大腿说："怕吃亏的人将来要吃大亏。我为了面子忘记了商业规律，确实不对。商场如战场，机会稍纵即逝，我必须抓住这次机遇。"

说完这些，我见王淳松了口气。"我就知道你一定能战胜自己的情绪，过了这道坎。"她微笑着说。

此时已是凌晨 1 点，我毫无睡意，马上给同事打电话，要求以任何可行的方法争取到与益安国际再次见面的机会。

出乎意料，益安国际的财务人员爽快地答应了邀约。我回家洗漱换了一身休闲装，重整旗鼓前往对方下榻的嘉里中心。嘉里中心咖啡厅简约的空间里灯光昏暗，坐在松软的沙发上品着馨香的咖啡，双方卸掉了白天的隔阂，促膝长谈。

那次谈话长达五个多小时，而我改变了观念，放平了心态，清晰地提出了对于第一视频与益安国际合作的设想和细节。那是个让我难忘的夜晚，整个交谈过程双方都觉得像一次老友相会，在融洽随意的氛围中谈判进行得很顺利。当清晨的曙光照亮嘉里中心，我与益安国际的人挥手告别的时候，我已经胜券在握。

之后的洽谈水到渠成，在经历了一段艰难的奋斗后，2006 年 7 月 13 日，第一视频获香港联交所批准于主板上市。根据此前双方达成的并购框架，益安国际购买第一视频数码媒体技术有限公司（第一视频集团子公司之一）24.99% 的股权。并购完成后，第一视频集团也借此登陆香港主板市场，成为一家总市值高达 15 亿港元的网络视频传媒集团。

我还记得在北京接到电话，得知获准上市这一消息时激动的心情，挂了电话我立刻打给王淳，和她分享这一好消息。当时已是下班时间，王淳正在办公室里和员工一起换地毯，自从筹备上市以来，100 多名员工日夜加班，吃住都在办公室里，办公室的地毯脏得令王淳实在看不下去了。她坚持要给员工一个好的工作环境，也要给投资人留下一个好的印象，于是想出一个聪明的小办法，她让工人把地毯切割成块，哪几块脏了就把哪几块替换下来。

王淳在电话里听到好消息后高兴地说："太好了，咱们这前台接待处的水泥地板可没被白白磨花！"她说的是前台门口那处进出公司的区域，由于员工进出频繁，加上登门拜访的潜在投资人和洽谈业务合作的人数不胜数，那块原本光亮的水泥地竟然被磨损得坑坑洼洼。

第二天，大家像往常一样在第一视频的办公室忙碌地工作着。我通知所有人立刻到大会议室开会，看着机位上布好的摄像机，所有人都隐隐感觉到有什么大事将要宣布。

我站在台上，难以掩饰内心的兴奋，大声地朝所有人说："我向大家宣布一个好消息：第一视频就在刚才在中国香港上市了！"台下先是一阵沉默，继而爆发出如雷般的掌声。我望着台下一张张兴奋的脸，眼泪不由自主地在眼眶里打转。

为了这一天，我们曾披星戴月、挥汗如雨，曾压抑呐喊，牺牲了与家人团圆的节假日，我们也曾动摇、彷徨、挫伤、焦躁，然而对于眼前的这一切来说，经历的苦与难都已不重要。第一视频上市终于不再是遥远的梦，它近在咫尺，变为现实。2006 年 7 月 13 日，这一天将被我永久铭记，镌刻和珍藏在我的人生记忆中。

2006 年 9 月 13 日，第一视频同香港地区的大股东齐聚北京人民大会堂，召开了上市发布会，在国内互联网行业反响极大。人们认为第一视频在创立一年后就能被香港益安国际并购，登陆香港主板市场，创造了业界奇迹。直到 2009 年，第一视频仍然是中国网络视频行业里的唯一一家上市公司。

第一视频虽然上市成功了，但我们仍然面临着需要从资本市场迅速融资、解决资金短缺的难题。我们将如何在资本市场中获得投资者青睐？接着，一场惊心动魄的融资大战拉开了序幕。

第二节　得来不易的第一桶金

第一视频上市后在外行人看来风光无限，但还要有一个发行股票融资的过程，我清楚自己所面临的压力：没有钱发工资，没有钱交办公室租金。公司的中高层管理者了解公司所处的窘境，纷纷拿出自己的钱帮助公司维持运营。在备受感动之余，我深知第一视频必须在资本市场尽快融资，以解决资金短缺的问题，如果不能尽快融资，第一视频就将面临退市的风险。

2006 年 9 月 13 日，在北京人民大会堂召开第一视频登陆香港主板市场发布会的同时，我主持召开股东大会，提出了发行新股进行融资的计划。通过我的解释，新的融资计划获得批准。作为第一视频的董事局主席，我踏上了终生难忘的融资之路，在接下来的几个月里，我每个月至少飞往香港地区七八次，目的只有一个：路演、融资。

路演来自英文“Road Show”，也被人们称作“路游”。一般来说，路演主要是指股票承销商帮助发行人安排的发行前的调研活动。通常情况下，承销商会先选择一些能销出股票的地点，并选择一些可能的投资者，主要是机构投资者，然后带领发行人逐个地点去召开会议，介绍发行人的情况，了解投资人的投资意向。

在第一视频上市之前，我没有参加过路演，只是听人讲过或在文艺作品中看到过。例如，美国电影《华尔街》和《漂亮女人》的两位男主角迈克尔·道格拉斯和理查·基尔做的都是“路演”这一行。他们看上去运筹帷幄，出入于香车靓女之间，有着全球统一的“标配”——西装革履，衬衣袖口上通常绣有主人名字的缩写，出门旅行总是坐头等舱，住五星级酒店，打交道的对象都是公司的最高管理层和老板。回到现实中来，第一视频当时可没有这样的条件供我去完成如此光鲜的路演。在我离开北京前，王淳为我买了一套西装和一双名牌皮鞋，这就是我所有的“包装”。

到了香港后，第二天一大早我就赶到会场开始路演。第一场路演时来了很多投资者，整个大厅坐得满满的，面对着他们闪亮的眼睛，我激昂地讲述着第一视频的业务模式和前景，看到投资者关注的目光，我充满了信心，为自己的演讲感到自豪。然而只要投资者不明确表态是否投资，我就要一遍又一遍地重复讲第一视频的商业故事。

我从早上讲到中午，吃了份三明治后准备下午继续讲。在北京我有午间休息的习惯，不然下午会感到特别疲劳，但在香港，路演安排需要我午休后就继续上场演讲。这时工作人员问我喝茶还是喝咖啡。我想咖啡能提神，于是要了咖啡。在一下午的演讲过程中，我一共喝了 6 杯咖啡。

晚饭后我回到酒店休息，不料在会场喝了许多咖啡都没有兴奋起来，但晚上咖啡却开始发挥作用，我的静息心跳飙升到一分钟 100 多次。我心慌得无法入睡，直到凌晨 3 点心跳才平稳下来。一夜未睡，第二天还得照常路演。

在接下来的几天里，我每天一遍又一遍地向投资者讲述第一视频的商业故事，反复回答问题，一整天连轴转，谈不上有什么休息时间。如果说讲一遍的时候我感到满足和享受，那么一天讲上七八遍甚至十几遍，重复一周后，我时常一出会议室就感到头晕、头疼，甚至想吐。我知道，在我看来已是烂熟于心的故事细节，对于每一位投资者来说却是第一次听到，因此我有责任每次都讲清楚。来自世界各地的投资者也认真地听我的演讲，每次听完反响也不错，大家都说好。然而就是没有人决定给第一视频投资，这是为什么呢？

路演中碰硬钉子的可能性很小，我碰的都是软钉子。但软钉子更让我压抑，如果投资者直接向我说“不”，我知道对方不投资也就不用再幻想。但恰恰是每一次讲完后，投资人说：“讲得挺好！我们研究一下再给你答复。”但他什么时间给答复并没有明确告诉我。当我问投资人是否准备投资第一视频时，他们回答：“哎哟，我刚听完你的介绍，我还没有准备好，让我消化一下再告诉你。”接下来没有人再告诉我投还是不投。

我问伙伴听了我演讲的30多家投资人有没有回复。伙伴告诉我到目前为止一家也没有。我内心不肯接受自己被人拒绝的现实，嘴上说：“有可能他们还会接受我们。”实际上我心里明白，没有答复就等于他们对投资第一视频心存犹豫。那种心情是知道现实，又不甘于接受现实。这种笼罩在我心头的阴霾折磨着我，然而我还要振作精神继续演讲，每天盼望着能够得到一个肯定的回答，但这种盼望仍然落了空。

我打电话给王淳，告诉她在香港地区融资的情况，并把遇到的困难也告诉了她，她提到和微软MSN中国公司正在谈一个合作项目。这让我眼前一亮，直觉告诉我，由于第一视频是一家刚起步的公司，并没有大的国际知名合作伙伴，而如果有一家大企业与第一视频合作，将会提升第一视频的声誉和可信度，不仅对于第一视频的长远发展有利，还能够让投资者对第一视频的商业模式和发展前景更有信心，对于融资是个利好消息。王淳听了我的想法也振奋起来。虽然微软 MSN 中国公司对合作提出的要求近乎苛刻，设立了诸多考察的指标，对于王淳来说压力巨大，但是她的个性和干练的作风让她坚定地告诉我，她一定要以最快速度与对方签订合同。

最后，我在电话里鼓励她说："我在香港的资本市场前线做好路演，在北京的后方就靠你了。无论如何要把和微软 MSN 中国公司的协议签订下来，这对我们的发展非常重要。"

"放心，我会全力支持你！我一定排除阻力完成这个任务！"她坚定地回答说。

一连几天，我都在焦虑中度过，等待着王淳的好消息。我也非常明白，王淳是顶着巨大的压力，在和世界一流的公司谈判。但是融资款如果再不到位，公司就将陷入困境。

无奈之下，我决定采取另一项融资措施。我向香港的股东强烈要求"过桥融资"。所谓"过桥融资"，也被称作过桥贷款，专指由承销商推荐并提供担保，由银行向预上市公司或上市公司提供流动资金贷款，也就是说，预上市公司发行新股或上市公司配股、增发的方案已得到国家有关证券监管部门批准，因募集资金尚不到位，为解决临时性的正常资金需要向银行申请由具有法人资格的承销商提供担保的流动资金贷款。

我所采取的“过桥融资”的特殊性在于，需要将我自己拥有的股权进行抵押，然后融一部分资金救急。这么做对我的个人利益风险很大，因为一旦融资后仍不能保证第一视频的未来发展，那么我很可能会因还不起“过桥贷款”的资金而变得一无所有。

我突然感到这次到香港来路演又遇到了关于人性的考题。面对自己与公司利益之间风险的权衡，如果对自己和公司未来没有足够的信心就只好放弃“过桥融资”。但我深信第一视频将有美好的未来，前景会一片光明。我给王淳打电话说明我的决定后，她给予了我百分之百的支持。

香港的股东对我的这一举动非常震惊，他们不敢相信我会为了第一视频的发展如此不顾自己的个人利益，如此敢于冒险。当他们听完我的解释后，在惊讶之余一致认为，如果我真的能将自己的股权做抵押进行贷款，这一举动可以激励香港股民对第一视频的信心。他们相信，一个对自己和公司未来深具信心的领导，一个为了公司的利益而甘冒个人利益风险的领导，是真正心系企业的，是值得人们相信并支持的。

在我提出“过桥融资”的同时，负责公司业务的王淳也在北京进行着一项重要的任务——和微软 MSN 中国公司代表谈判合作事宜。

这是一个双管齐下的计划，如果“过桥融资”能够成功，我就能够直接解决第一视频的资金困境。如果和微软MSN中国公司的合作能够谈判成功，就意味着第一视频的盈利模式是被微软承认的，这种承认也会间接提升香港投资方对第一视频的信心，从而使“过桥融资”的计划得以实现。

计划很完美，但过程却让人内心焦虑。虽然我提出了用自己的股权做抵押进行融资，但投资方还在考虑中。我不得不寻求私人抵押贷款。

一个偶然的机会，经人介绍我认识了香港的何厚锵。我向他提出用我价值3亿元人民币的个人股票进行抵押，借用3 000万港元。何厚锵很佩服我的这种精神，非常痛快地同意了我的条件。当然，生意人都是理性的。何厚锵明确表示，朋友归朋友，生意归生意，虽然他同意借钱给我，但还是要通过律师走正规的商业流程。对我来说，对方能够在此时借钱我已经非常高兴了。因此，对方提出的通过律师走流程的建议，我立即就同意了。

等到双方见面的时候，我突然发现气氛有点不对。虽然之前和何厚锵谈得愉快，但现在看对方的架势，大有一种六亲不认的感觉。这种感觉很快就被验证了。对方的律师很专业，也很讲“原则”，他面无表情地向我提出了很多之前并没有谈到的苛刻条件，而其解释就是他们要承担很大的风险。

我本来就是一个豪爽之人，身上有着北方人常有的那种直率性格。如今看到对方这种行为，心底不禁腾起一股无名之火。何况，我用价值 3 亿元人民币的股票来借 3 000 万港元，对方已经是赚了很大的便宜了。想到这里，我差点站起来拂袖而去。

不过，理智最终还是战胜了冲动。想到我目前最重要的任务就是筹集资金，想到此前曾经对自己说过的在资本市场上也要经过人性的考验。只有不怕吃亏，才能获得机遇。我当时决定让双方的律师全权处理这件事情。

一切都交给律师来处理，我回到了住处等待消息。第二天上午，律师那儿还没传来消息，远在北京的王淳和微软 MSN 中国公司的合作谈判却传来了好消息：第一视频和微软 MSN 中国公司签订了合作合同，成为微软 MSN 在华两家视频提供商中的一家。

我知道这一消息意义重大，立即组织人在香港公布了这一振奋人心的消息。事实证明我的判断是正确的，所有听到这一消息的人都惊喜异常，信心大振。

就在我公布消息后不久，何厚锵那边传来了消息，双方的律师已经达成了协议，对方同意借 3 000 万港元给我，前提是以我拥有的股票做抵押。同时，一家美国对冲基金香港办事处的负责人也打电话过来，希望能跟我见面，了解第一视频的情况。

接完电话，我立即来到了这家对冲基金的办事处，见到了一位叫潘达（音译）的负责人。这位看起来胖胖的日本小伙子是个老到的雷厉风行的投资者，一旦他看好的项目，通常会立即拍板做出进行投资的决策。听完我的介绍，他对第一视频的业务非常感兴趣，对我说："你先回去，45 分钟之内我会给你消息。"

当天晚上，我就接到电话，潘达等人向第一视频投资 3 000 万美元，其中潘达投资 1 500 万美元，潘达的姐姐投资 500 万美元，剩余的 1 000 万美元是其他一些人的投资。

同时，我也接到了另外一个好消息，何厚铧一方让我星期五上午去签字拿支票，对方已经准备好了合同。

后来，两位投资者的合同我都签了字，但还要等待资金到位。一直到 2006 年 12 月 8 日，这个被我称为扭转了第一视频命运的关键一天，3 000 万港元到位，3 000 万美元也相继到位。更加巧合的是，这一天同时也是第一视频正式上线一周年的纪念日。

我的心一下子像卸掉了铅块般轻松起来。第一次来香港地区的时候，看见维多利亚港的繁华，我在心底暗暗问自己这儿能给我带来什么。如今我知道，这里不仅是资本的大市场，也是企业家人性的考场，而我又一次通过了考试。

这一天我和路演团队来到一家酒店庆贺这来之不易的成果。远在北京的王淳得到消息后带着员工张灯结彩，也在公司内部庆祝。第一视频终于在资本市场获得了第一桶金，为今后快速发展打下了基础，然而仅有这些资金远远不够，接下来我又开始了第二轮资融资，踏上了全球路演之路。

第三节　二次路演数游艇

2006 年圣诞节前夕，我带着一张巨额支票回到北京。我的归来让第一视频的员工十分欢喜，大家充满干劲，开始用这笔来自资本市场的第一桶金启动新项目。

第一视频团队策划了一场空前的网络视频直播，那是发生在 2006 年底的一场漂亮的战役。中国科教电影展是由中国科教电影电视协会主办的国际科教电影的盛会，汇聚了来自世界各地的科教电影的经典作品，来自世界各地的专业电影人共赴这场文化盛宴。第一视频利用自身的网络视频直播优势，对为期 4 天的科教电影展盛况进行了全程直播，并在自己的网站上进行了视频跟踪报道。这是第一视频上市后在行业内的第一次华丽亮相，受到了行业内部的好评，虽然这与日后第一视频直播的法国戛纳国际电影节、中国香港特首选举等上千场卫星和网络直播比起来，只是众多漂亮战役里的一场小小的战役，但却是第一视频迅速成长的一个新起点。

有了资金后第一视频焕发了生机。重要的是，融资的成功证明了投资方对第一视频的认可。2007 年 5 月，北京长安街上的玉兰花纷纷盛开，而我又将再次踏上路演征途，开始第二次融资。第一视频的快速发展，使我看到了资本市场给互联网产业带来的巨大动能。这一次，我要到国际市场上去路演，准备融资 5 亿港元，加上第一次的融资，第一视频就可以拥有大约 10 亿港元现金。按照我的计划，用 10 亿港元的资金来快速扩大网络视频产业规模，实现梦想指日可待。

有了第一次融资的成功经验，我斗志昂扬。当我即将离开北京去香港的前一天夜里，王淳又拿出了她上次给我买的那身西装和那双名牌黑色皮鞋。

看着这双被她擦得锃亮的皮鞋，我说："多亏了你这双鞋，让我在香港的路演会场间来回走了几个星期也不磨脚。"

"这双鞋可以和《水浒传》里梁山好汉戴宗日行八百里相媲美呢！"王淳说。

我说："这次我可要去好几个国家，等我回来，怕是把鞋底磨穿了。"

"这可是名牌，你到月球上去都穿不坏。穿着它为第一视频再立新功吧！"

"好！"我回答。第二天，我穿着这双皮鞋出发了。

也许你会认为有了第一次的经验，第二次融资会容易一点，但实际上在资本市场上，每次融资都一样不易。飞到香港后我像一个不停旋转的陀螺一样拜会了大约五六十家潜在投资方。如果说第一次融资还是"摸着石头过河"，那这一次我对路演已经非常娴熟了。但即使如此，体力的透支还是让我苦不堪言。

有时我根本连吃饭的时间都没有，回到酒店就想睡觉。而王淳买的这双皮鞋成了每天陪我最久的伙伴，只要一睁眼，我就穿上它开始一天的工作。

我把同样的故事又讲了上百遍，投资人也都了解到第一视频的基本情况。然而就像第一次路演一样，大多数的投资人回答我们的是："再看看，以后再给你消息。你再等等。"听了这样的话，我只好回到在香港下榻的酒店继续等待。

我住的房间面朝大海，从窗户望出去能看到停泊在游艇码头的一片游艇。等待投资者答复的时间过得异常慢，我忐忑不安地望着窗外花花绿绿的游艇，心想：第二次究竟能不能成功融资，我们的命运就在这几天里决定。坐在床上对着大海出神，我情不自禁地数起码头上的游艇来，一、二、三、四、五、六……一边数一边想，将来这里会不会有第一视频的游艇，第一视频有没有可能跻身到中国互联网百强企业之中……

数到第三遍时，同行的伙伴来找我，我无意中提起这个码头一共有 130 艘游艇，他听后惊讶地问我是怎么知道的。得知我已经数了两遍游艇后，他哈哈大笑，两人都自嘲此行让人得了"融资强迫症"。

但那确实是我当时心态的写照：那些游艇是成功人士的象征，我渴望成功，渴望跻身其中，渴望这次集资能成功。但生出这种渴望的同时我也问自己，如果集资失败了怎么办。思考之后我告诉自己，即使失败了我还会再试、再拼搏，这是我的底线。也就是经历了这次数游艇后，往后我每次做决策时都会设置一个最坏的底线，如果要做一项业务，会先想到如果我失败了，最坏的结果是什么？问自己能否应对。明确了自己能承受的底线，便能去除焦虑、害怕，也能发展出相应的战略战术，当突如其来的事件发生时，应变能力就会强很多。

最后香港的路演取得了成功，我又飞到新加坡，在 3 天时间里为 30 多家投资方做了路演。其间，新加坡的投资方在了解到我还担任中国亚太经合组织发展理事会理事长后，提出能不能让我请中国驻新加坡大使馆的人出席第一视频活动。

由于我在参加亚太经合组织工作会议的时候跟新加坡大使馆的负责人认识，因此就打了个电话过去，没想到大使馆的负责人听完介绍后立即表示要支持中国有信誉度的企业“走出去”，痛快地答应了。当新加坡的商人看到中国大使馆专门派人来参加第一视频的活动，就明白了中国政府支持企业“走出去”并非空话，也从侧面体现出第一视频是值得信任的企业，这让他们对第一视频的投资信心大增。

这一次路演效果立竿见影，在去新加坡前第一视频的股价还是每股 2.8 港元，等我离开的时候，股价已经上升到了每股 3.5 港元。

之后我又飞到美国，开始了第二轮融资的最后一场“攻坚战”，而这场战役的成果更加优异，一些大型投资公司纷纷对我张开了欢迎的双臂。华尔街的六大投行摩根大通、雷曼兄弟等，均表示出对第一视频的投资兴趣。因此，当我再次回到香港准备回北京的时候，已经融到了4.1亿港元。

飞机在香港降落后，我一到酒店就发生了一件尴尬的事情。在我走进酒店房间，刚刚想要坐下的时候，突然感到左脚有些发凉，低头一看，脚上穿的那双名牌皮鞋的左脚的鞋底裂开了！我又抬起右脚一看，右脚的鞋底居然也裂开了！

我木然地坐在那里，回想起一路融资的艰辛，疲惫的感觉在这时全都涌了上来。正是在融资尘埃落定，一切都将归于平息时，我才会意识到自己的鞋子破了底，倘若融资仍没有谈妥，说不定我还迟迟不会发现这件事。如果鞋会说话，想必它会把这一路发生的故事都讲得分外生动吧！我想起奥巴马在成为美国总统前的一段“皮鞋佳话”。2008年美国总统大选，奥巴马刚刚结束在罗得岛州的初选，一身疲惫地斜躺在座椅上看文件，双脚翘起来后，随行的摄影记者发现他的皮鞋底已经磨出对称的一双圆洞，而奥巴马不久前才换过鞋底。为了拉选票，竞选者每天不知要跑多少路！知道奥巴马的这桩趣事后，我曾打趣说要想选上美国总统，功夫得用在鞋上。

再看看此时的自己，才多长时间就把一双好鞋生生磨破了底，看来要办好企业，也要有走破几双鞋的精神！

值得欣慰的是，这次融资得到了众多投资方的青睐，获得了4.1亿港元的投资。这也算是上天对我不断跋涉、反复路演、激情演讲的丰厚回报吧。

跑坏了一双鞋，值！望着这双裂了底的名牌皮鞋，我又想起了《喻世明言》中的一个故事。

大唐贞观年间，唐太宗从草根中提拔了一位人才马周，后来他成为唐朝的吏部尚书。在马周未发达之前，曾有过一段奇遇。马周年轻时是一位饱学之士，却家贫如洗，大有怀才不遇的感慨。因此，他常借酒浇愁。后来，他被家乡的一位刺史聘为助教，但多次因饮酒误事受到刺史的批评。马周辞职后决定去长安求职，一路上靠两只大脚行走，来到长安城外的新丰城旅店投宿。

这家旅店住的人多，店小二见他只身一人便十分怠慢。马周感到不平，质问小二。这时店主王公出来应承，说要先把那住店多的人安排好，再安排他，请他原谅。马周生性豁达，人也豪爽并没有在意，便说："快打些酒，上些菜来。"王公问他要多少酒？马周因一路劳累，很想喝酒解乏，便说和那五个住店的人一样多。王公感到吃惊，问他酒量有多大。马周说："这算什么，五斗酒也只喝个半醉，一路上还不敢多喝。请尽管送来，然后再送些饭菜。"不一会儿店小二就将他要的东西送来了。

马周独自饮酒，旁若无人，等喝完三斗酒的时候，马周跟店小二要了一个洗脚盆，把剩下的酒都倒在里面，脱了鞋袜，便伸脚下去洗脚。那些客人见了，无不好奇，店主王公一见暗暗称奇，他阅人无数，没见过行为方式如此怪异的人，心想这必是非常人也。

后来，唐代有一位大画家岑文本根据马周用酒洗脚的情节画了一幅《马周濯足图》，而唐代诗人烟波钓徒张志和又在画上题诗赞叹：“世人尚口，吾独尊足。口易兴波，足能涉陆。处下不倾，千里可逐。劳重赏薄，无言忍辱。酬之以酒，慰尔仆仆。令尔忘忧，胜吾厌腹。吁嗟宾王，见超凡俗。”

这首诗虽然说的是古人，但此时的我也产生了共鸣，为了融资，王淳给我买的这双名牌皮鞋硬生生被走裂了底子，而我则收获了一双快速助跑企业发力的“大足”。那天晚上我没有好酒来学古人洗足，便找了脚盆打了一壶热水，在酒店里泡了一个小时的脚。

休息了一下后我马上给王淳打电话，把融资 4.1 亿港元的好消息告诉了她。我想王淳平时是个非常节俭的人，为了让我路演才舍得花钱买了这双名牌鞋，这双鞋我真舍不得扔掉，它可是见证了我两次路演融资啊，回到北京再去换个底子还能穿，再说今后我的第三次路演融资还要靠它呢，它太适合我这双大脚了。想到这里，我把这双没有底的鞋收起来，穿着酒店的拖鞋到楼下的商店买了双布鞋。

第二次全球路演能有这么大的收获，我想除了准备工作做得好外，还有一个重要原因是我重点向投资者讲述了第一视频的创新模式和未来的盈利模式，投资者对第一视频今后的发展有信心才纷纷投资。虽然有了资金第一视频得以快速发展，但经济气候和市场行情千变万化，实际业务的开展也存在着风险和变数，想到这里我提醒自己，一定不要得意忘形，更不能盲目扩张第一视频的业务，回到北京后我要同王淳再做研究，走好下一步战略棋子。

第四节 全员期权：向可爱的年轻人致敬

第一视频上市经过两次融资后，已经拥有10多亿元的资金。从公司成立到第二次融资结束，第一视频在一年多的时间内便驶入了资本市场的快车道。

从香港益安集团并购第一视频上市的方案中可以看到，由于其股份结构合理，第一视频处于控股地位的股权实现了近10倍的增值，并还将随着第一视频的发展不断增值。而并购方香港益安集团的并购资金用于建立其控股的第一视频集团，在为第一视频提供技术服务、市场营销的同时享受了最大化的利益回报，这种“多赢”的格局，是权衡各方利益取得最大平衡的结果。

2006年11月8日，港股00082由“益安国际”正式更名为“第一视频”，由此标志着第一视频正式摆脱“原壳”的束缚，以自己的方式走上了创新创业的大道。

在第一次股东大会上，全票通过任命我为第一视频集团董事局主席。在这个充满鲜花和掌声的时刻，我宣布了一个重要决定——给第一视频的每名员工发一份期权，包括前台和司机。这个决定让现场的股东们瞪大了双眼。期权，他们都熟悉，但是全员期权，他们还从来没有听说过。

“一般是给公司的中高层管理人员和优秀的技术人才发放期权，但是给前台和司机发放期权，我无法理解。”一位董事当即表示反对。的确，通常做法是给“骨干力量”发放期权，给他们一定的物质激励，避免他们离开公司，对公司发展造成损失。然而全员期权的激励策略意味着董事们的利益将要受到损失。对于投资就是为了赚到更多钱的人来说，把自己的钱拿出一部分来分给所有人，这种行为首先需要自我超越。

我理解一些董事反对的理由，他们并不知道第一视频的员工在公司最困难时期做出的牺牲与贡献，如果没有他们的无私付出，不要说上市，第一视频可能早就不存在了。又或许，即便他们对此有所了解，但在传统思维业态下，他们更愿意遵循传统商业原则而不愿进行利益共享，可是我明白自己要带领大家将第一视频打造成一个具有互联网新生业态的企业，而我要成为一个富有人性化精神的企业家。

“只有分享才能共赢未来。在第一视频上市的道路上，公司里每一个人都很重要，这些可爱的年轻人为第一视频付出了他们的青春，至少在这个阶段我认为大家都是很重要的人，必须要做全员期权。”我对董事们说，并在接下来慢慢道出其中的原委。

当第一视频在寻求资金支持启动项目时，我们一边与益安国际洽谈借壳上市，一边在资金短缺的情况下艰难曲折地前进。益安国际的代表觉得我们是一个高科技互联网企业，而且是一个具有前瞻性的项目，愿意继续洽谈，但他们也非常谨慎。为了打消投资者的顾虑，第一视频的创始团队做出了重要的贡献，当时为了让网站能够具有一定的规模，达到投资者和上市公司的基本要求，创始团队加班加点，特别是首席技术官带领着核心技术团队昼夜加班，连续两年大年三十晚上和正月初一在工作岗位上过年，我和王淳跟其他员工包了饺子送到公司，大家一边吃着饺子，听着外面的鞭炮声，一边讨论如何在新的一年里继续前进，所有人只有一个期望：一切为了第一视频尽快上市。

第一视频的员工无论在哪个岗位上，都付出了极多的心血。每当举办一场大型直播时，全公司要出动至少 50 名员工，从机位、拍摄、解压缩、上传、联络到后勤和视频后期制作、点播，大家合力协作。800 多平方米的办公室里，无论什么时间走进去都是人头攒动。第一视频在中国国际科技会议中心的楼里成了出名的“不打烊公司”。

比如资讯组，每班三四人三班倒，当时第一视频的编码主要基于 flv（flash video，一种流媒体格式）和 wmv（windows media video，一种流媒体格式），一个 30 秒的视频仅编码时间就需要 100 秒，而那时国内平均下载网速最快只有 128kb/s，上传的速度则更慢，基于当时的网速和编码器，整个视频光解压缩就需要半小时乃至一小时。为了能在每天早上 9 点前完成所有视频的压缩和上传，必须凌晨四点就开始审稿，每天早中晚各更新一次，于是资讯组、技术部、制作部的员工便住到了公司，晚上睡在沙发上、桌子上，没有地方睡的时候甚至直接睡在地上，连行政后勤部门也有人轮流值班，为加班的同事们提供不间断的饮食、清洁和办公支持。

我记得有一次我离开办公室已近半夜 12 点，因为落下一件东西又折回公司去取，碰见资讯组的主编穿着睡衣走出来。我好奇地问他睡在哪里，起初他不好意思说，最后禁不住我一再询问便带我参观了他的住处——是一间不用的卫生间改造而成的储藏室。看着那间“卧室”，我的眼泪禁不住掉了下来。

当我们准备借壳上市时，为了便于操作，对方要求第一视频不能有负债，包括银行欠款、借款等，于是我们为了满足上市的要求提前把公司的借款包括银行贷款都还清了。但我并没有心理准备，上市后需要多久才能融资成功，当时只留了两个月左右的储备资金。而从路演到融资成功持续了将近半年的时间，显然我们的流动资金无法支撑我们等待融资到位这么长的时间。实际上，上市后不到两个月我们就花光了储备金，连工资都发不出来。要维持公司运转又不能去向银行贷款，我该怎么办？紧要关头，公司中高层员工在得知公司处境后纷纷拿出自己的钱，有的拿出十几万元，有的甚至拿出几十万元。当然，这些凑的钱谈不上是发展基金，但是靠这些钱把职工的工资发了，维持这支队伍不散掉就可以了。当时公司有300多名员工，就是高管这样凑钱，也不够发放所有员工的工资。

面对这样严峻的形势，我不得不召开全体员工大会，向所有的员工说明公司的情况。那一天的情形至今仍历历在目。

“公司现在在上市过程中遇到了技术难题，暂时遇到了困难，大家可能不能拿到每个月全部的工资。有的岗位可能要拖欠一两个月，有的岗位只能拿到部分工资，比如说50%。”我在会上说，心里有些忐忑，因为本身公司员工的工资并不算高，2008年时普通员工的工资在两三千元左右。

“我需要大家跟公司同舟共济，渡过难关。如果大家愿意，我们就这么做。如果不愿意，可以选择离职，我可以凑钱把工资发给你们。”

台下一双双眼睛注视着我。半晌后一位年轻员工站起来，他语气坚定地说：“我不懂上市是怎么回事，也不知道上市后我能得到多少利益。但是第一视频给了我一个好平台，我想抓住这个机遇，跟着您一起拼。”我认得那名员工，他大学毕业刚进入公司，是个干劲十足的小伙子。台下的年轻员工们纷纷议论起来。

一位中年员工站起来说：“张总，听说这次上市您低价抵押了自己的个人股份，还和部门主管们拿出自己的钱凑钱给我们发工资，我非常感动。第一视频的理想也是我的理想，第一视频的困难也就是我的困难。我对您有信心，大家齐心协力，眼前的坎儿一定能过。”

听了他们的话，我十分感动。从第一视频创立的第一天起，我就努力营造团队的创业氛围。我并没有给大家承诺未来有多少利益，而是让公司的普通员工、中层员工和高管员工都知道第一视频的目标是什么。我曾给员工们讲：“第一视频的目标不是简单的上市，因为上市只是成功的一个阶梯，我们的目标是要把第一视频做大、做强，真正做成互联网的新媒体，要最终实现我们的社会责任。”所以在当前未来利益无法确保的情况下，只有信念才能让员工们继续跟着我往前走。

也正是因为信念，我才将个人的股权低价抵押给了何厚锵，换得 3 000 万港元的借款，有了这笔资金后第一视频的业务便正常运转起来。然而这个举动损害了我的个人利益，因为我只是按照上市时的股价进行抵押，即每股 8 毛钱，融资完成以后最高估价达每股 4.8 元，这样算下来我损失很大。我大可不抵押，就让大家出钱顶着，直到融资成功。可是我没有那么做，作为企业领导人必须有壮士断腕的精神，应当做得更多，我要让大家感到我是和所有人站在同一条船上共进退的，所以毫不犹豫地将自己的股权低价抵押出去。

最终，台下 300 多名创业团队的员工从司机、前台到高管纷纷表态不愿意离开公司，要与我同甘共苦去拼搏。没有一个人提出离职，都愿意坚守岗位，有的员工两个月没有领工资，有的连续三个月都只拿一半的工资，这让我在感到欣慰之余也清楚地明白肩上的责任之重。

我对董事们讲完这些故事，他们陷入了沉默。

我继续说道："在中国有太多成功的企业不是毁在商业模式上，而是毁在内部利益的纷争上。创业团队在顺利的时候能够表现出同舟共济的氛围和状态，那不是成功。真正的成功是在遇到困难时，特别是遇到涉及每个人切身利益的困难时，大家能不能为了整个团体的大利益而放弃一些个人利益，去坚守一份信仰，坚守一份成功的希望，这才是真正的成功。"

"没有所有员工的牺牲和付出，就没有今天的第一视频。所以，尽管中国的上市公司和互联网行业里没有一家搞全员期权，但我还是决定要让每一名员工都有合理的回报，感谢他们对我的支持，让他们感觉到'守得云开'的一天终于来了。"

在我的争取下董事会认识到这种特立独行的做法是对的，并通过了全员期权的决定。会后一位董事对我说："在香港地区，我们做生意一直是很简单地处理这种期权关系，把员工看作商业化的人，你能帮我赚多少钱，我就给你多少回报。无论是你抵押自己的股权，还是按照第一视频特殊的创业观来分配利益，我都是第一次见到。像第一视频这种团结互助的创业团队，我相信你们敢打并且能打硬仗，你们是一个有灵魂的团队。”

第一视频推行全员期权的消息引起了社会的广泛关注，媒体频频采访我，问到全员期权的灵感从何而来。其实在管理学上有一个“雁阵效应”，就是大雁迁徙时，雁群以人字阵或一字斜阵飞行，长途跋涉，向目的地飞去。生物学家的研究成果表明，雁阵是最快、最省力的飞行阵。每一只大雁，会借助前一只大雁的羽翼扇动所产生的上升气流在天空中飞翔，使翅膀得到了间断休息的时间，有效地节省了体力。雁阵中的领头雁还实行轮换制，当领头雁出现体力不支的情况时，便主动避位让贤给其他大雁继续领飞。因此，每只大雁能够借助团队的力量比单独飞行的大雁多飞 70%的路程，团队让它们飞得更久、更远。

“雁阵效应”带给我这样的启示：靠着团结协作的精神，才使得大雁凌空翱翔，完成长途迁徙。雁阵如此，管理工作亦如此，唯有顽强拼搏、团结协作才能带领企业走得更远、更好。我认为第一视频就是中国互联网行业里典型的“雁阵型”企业。

而对企业来说，要想体现出“雁阵效应”，把所有人拧成一股绳靠的就是企业文化。什么是企业文化？企业文化最宝贵之处就是人性的善良。在我管理第一视频的过程中，不仅仅把富含“同舟共济、同甘共苦”基因的企业文化放在墙上、印在纸上、挂在嘴上，更注重在实践中让企业文化深入员工心中，如此到了企业真正遇到危机时，就检验出企业文化凝聚力的“真金白银”来。经历了这一次上市的波折，见到第一视频高管和员工们对公司的信任和忠诚，我愈加深信建设企业文化的重要性，“同舟共济、同甘共苦”的基因将作为企业文化的基因继续助力第一视频基业长青。

第五节 期权风波

实行全员期权后，两件意料之外的事使我对企业激励机制和新媒体发展趋势做出了反思。

有两名员工因为对期权的认识不够，最终还是没有购买期权，这使得我的全员期权计划在实际执行中并没有得到百分之百的实现。虽然管理层多次向两名员工解释期权的含义，告诉他们公司不是在“圈钱”，而是希望给他们带来更多的利益和回报，但是他们还是非常坚定地拒绝购买。我曾告诉他们，放弃这次期权就等于放弃了一次致富机会，但遗憾的是我依然未能说服他们。

另外，由于其他的员工都购买了期权，引发了一系列新问题。当时第一视频搬到更大的办公室，每名员工都有了更舒适宽敞的工作空间，然而当我走进公司，穿梭在不同部门区域时，我却发现整个公司变得极为安静，甚至有点死气沉沉，没有了上市前那种看似有点乱却又热火朝天的工作氛围。我暗中调查后发现，原来员工都忙着炒股。当员工拥有了公司的股票期权后，他们很自然地就会去关注股价的跌涨，毕竟这关系到他们的切身利益。在全员期权前，很多人并不了解股票，也从来不会去炒股，但自从拥有了公司的期权成为公司的一名股东后，员工便开始去了解股票，甚至开始学习炒股。这样一来就占用了他们大量的工作时间。在开始的一段时间里，大部分人都在上班时间浏览股市行情，还会通过网络聊天工具互相交流炒股心得。

当我发现这个问题时，大家的工作积极性已经明显地下滑。我没有料到事情的发展竟然与我所期望的背道而驰。期权的目的原本是用来激励大家，如今却变成了影响大家工作效率的原因。

这到底是为什么？我研究了海内外的期权激励机制后，发现自己遇到的问题并不特殊。期权作为一种激励手段却产生让员工工作效率降低的反向作用，这在许多公司都曾经发生过。而之所以会发生这种反常现象，还要从期权本身的性质谈起。

全员期权的主要目的，就是建立一种员工利益和公司利益一致的企业文化。由于高科技产业的竞争有很大一部分是人才的竞争，而要把企业员工的能量转化为企业的核心竞争力，就必须建立有效的激励约束机制。在这种情况下，很多高科技产业尤其是 IT 行业，往往会实行期权制度，以激励员工的工作积极性。当然，就当时的情况来看，大部分公司实行的期权主要是针对中高层人员，像我这样实行全员期权的公司并不是很多。

可以说期权在理论上的作用都是正面、积极的。但是，很多企业家在实施激励性的持股计划之后，并没有让员工明白他们手握的期权意味着什么，没有让员工“像股东一样思考和行动”，就导致了我实行全员期权后出现的一种现象——员工的工作积极性下降了。

在研究了中外全员期权案例后，我发现原来很多公司在实行全员期权时，管理人员都忽略了一些基本的要素。比如一种被称为“视线功能”的要素，它的核心就是一定要根据员工的行为和职责以及目标完成的情况来进行激励。如何评估和衡量员工的职责、行为，然后再与激励联系起来都是这些基本要素的组成部分，如果偏离其中一个，即使给了员工股权也不能起到激励作用。因此，全员持股这样的激励方案，一定要将企业完善的绩效管理和薪酬体系相结合。

这让我联想到中国传统文化里的方略来。春秋时期齐国的宰相管仲曾经辅佐齐桓公成就春秋霸业，后人运用他的观点写成《管子》一书，管仲的治国方略、为政理念博大精深，连孔子也不得不叹服。现在我们耳熟能详的“十年树木，百年树人”的人才观，“仓廪实而知礼节，衣食足而知荣辱”的义利观，“以人为本”的人性化管理等，都来自《管子》一书。

《管子》特别强调上下和谐一致的重要性，把这种思想解释为“和同”——上下“和同”，没有办不成的事，如果不“和同”，则万事无成。而“和同”必须与激励相连，“激励要重视权变”，也就是赏罚的目的是充分调动对象的积极性，强化某一行为。如果一种赏罚达不到这种目的，不是制度未落实，就是赏罚模式自身要变。由于外部环境、激励对象是不断变化的，激励的方式就要“因事而动，因时而变”。

想到这里我恍然大悟，如今进入信息化时代，时间和条件等都变了，但激励的方式和方法却还是老一套，员工的积极性难以提高。第一视频的激励体制必须要变，要适应企业发展环境进行创新。

那么当企业员工都成为股东和“富翁”时，企业该如何约束和激励员工，如何确保企业持续健康发展呢？我明白上市只是成功的第一步，公司要想真正实现战略目标，还需要全体员工继续发扬艰苦奋斗的工作作风。视频行业竞争激烈，逆水行舟，不进则退，何况还有众多的竞争对手虎视眈眈。因此，我必须想办法重新激发起大家的工作积极性，以保证第一视频的可持续发展。

我详细了解情况后发现，核心症结还是因为大家过于关心自己的期权利益，毕竟对很多人来说，全员期权是他们一生中的大事。不过员工不能安心工作，时不时地去网上浏览一下公司的股价，算一下自己的收益是增加了还是减少了，这些势必会影响工作思维的连贯性。在这种情形下，员工的工作效率自然会有所下降。

问题已经很清楚，工作效率下降主要是因为员工把大量的工作时间花费在了关注股票上。我需要做的，就是要改变这一不良的工作风气。

但是如果武断地采用强制措施，恐怕会适得其反。因此，要想解决这个问题，我必须心平气和地跟大家沟通才行。只有让大家明白了我给大家发放期权的真正目的和意义，能“像股东一样思考和行动”，让大家明白每个人的利益是跟公司的业绩挂钩的，才会改变现在这种松散懈怠的工作风气。

我采取了“双管齐下”的办法来扭转这种局面。一方面我在会上给大家讲道理，让大家转变思想观念，树立“股东”的主人翁意识。另一方面从制度上进行有效约束，出台了一些管理制度，比如不准在上班时间浏览与工作内容无关的股票信息，不准在工作期间利用网络聊天工具交流与工作无关的内容，等等。

当然，就问题解决问题对我来说还不够。作为董事局主席，我反思起这个问题会不会为公司之后的发展带来其他的影响。毕竟，全员期权作为一种积极的激励制度，也存在着天然的缺陷，而一些配套的措施并没有同时跟进。

首先是弥补管理监督的缺失。公司内部的各级管理人员必须负起应有的责任。公司需要对各级人员进行适当的授权，按照岗位职责量化员工的工作内容，使每个人的权责清晰化。

其次是必须进行绩效量化管理。我意识到，如果勤奋能干的员工得不到公司和领导的肯定，而那些懒惰的员工因为有公司的期权一样可以获得良好的物质回报，这势必会打击努力工作的员工的积极性，甚至会把他们也推向懈怠工作的状态。因此，必须在公司实行绩效量化管理。通过更多的措施，让努力工作的员工得到更大的回报，让懒散工作的员工减少收入甚至得不到回报。

最重要的一点是，我必须保证公司内部付出与回报的公平性。一家企业在正常情况下总会有老员工离去，也总要有新的员工进来，如果新来的员工无论如何努力工作，都不能得到应有的回报，而那些老员工因为拥有公司的期权，即使不努力工作也能收入颇丰，那公司将不可避免地走向衰退。为了避免这一点，我聘请了国外专业的第三方公司，为第一视频量身定制了一套完善的绩效考核制度，让第一视频的全员期权发挥出了最大的激励作用。

一波刚平，一波又起，在平息了全员期权带来的副作用后，我又被意外地卷入了一场“造势风波”。

第一视频上市半年后，一天王淳来到我办公室打开电脑网页，让我看各大媒体以及各门户网站和地方网站的头条。屏幕上齐刷刷地出现了一篇文章——《张力军的暴富神话：亿万财富百日造》。

“我们出名了，”她苦笑道，“这篇文章网上到处都是，你只要搜‘张力军’三个字，这篇文章就出现在点击率最高的相关文章里。”

“这倒好，咱们没花一分钱就让大家知道了第一视频和我。”我打趣说。其实我不愿意被称为“百日造富”，更希望被称为互联网时代的“吃蟹者”。不过现在这篇文章一下子把第一视频推向了传播行业的风口浪尖，第一视频不仅上市和融资火了，点击率也火了。

当时大家的财富观、认识观跟现在都有很大差距，我和王淳商量后认为即使没有人身攻击的说法，偏负面的说法也让我们难以接受。于是我们启动了危机公关计划，找到了作者本人以及他所属的媒体单位。

这篇文章的作者随后来到第一视频向我说明情况。他态度谦逊，对我承认他在写这篇文章之前，关于第一视频的资料收集不全面，有些资料并不翔实，而且在写作的过程中，他加入了自己的想象力，并且根据互联网的属性写了这篇文章。

听完他的一席话，我打消了对他故意炒作的误解，我决定保留那篇稿子，仁者见仁、智者见智。他提出再详细了解一下第一视频的情况，然后再写一篇翔实严谨的关于第一视频的报道，作为补充的想法。遗憾的是新文章发表后，影响力反倒大不如第一篇。

我思索和研究了这件事，为什么这位记者写的第一篇文章产生了巨大的影响力？而且那是一篇“中性偏负”色彩的文章，为何却比我们所做的许多正面宣传都更有影响力？我想这其中透露出一个信号：信息传播的方式在变化，网民和受众对成功故事的看法，对财富观念的看法在变化，以及大众的窥视心理在不断地增强和改变。

这样的文章能够传播得这么快，产生如此吸人眼球的效果，使我看到了媒体发展的一个新趋势。

新媒体是在技术发展的基础上重塑读者和受众，其实受众本身就存在一种所谓的"窥视心理"，这种心理每个人都有。这种"窥视心理"会在什么状态下放大呢？就是在只有自己一个人的时候，它才能无限放大。那么如果互联网的传播过程给人的感觉是在一个如入无人之境的空间里，自己可以为所欲为的时候，他写了这篇"中性偏负"色彩的文章，正好满足了受众的窥视欲望。虽然他写的内容不完全真实，但是这种互联网思维和受众心理值得我们重视和研究。我们也可以借助这种形式表述真实事件。我之所以认为这可能是今后媒体发展的一种趋势，是因为媒体的表述和表达会越来越自由，平台传播速度会越来越快，将来这种方式就可能会成为新媒体的传播形式之一。

第四章

求变（2007—2010 年）

第一节 剩者为王

2006 年春，正当我奋力带领第一视频走在上市路上时，次贷危机在太平洋彼岸的美国开始逐步显现。

次贷即“次级抵押贷款”，指一些贷款机构向信用程度较差和收入不高的借款人提供的贷款。在 2006 年之前的五年里，由于美国住房市场持续繁荣，加上之前几年美国利率水平较低，美国的次级抵押贷款市场迅速发展。然而随着美国住房市场的降温，尤其是短期利率的提高，次贷还款利率也大幅上升，购房者的还贷负担大大加重。住房市场的持续降温也使购房者出售住房或者通过抵押住房再融资变得困难。这种局面直接导致大批借款人不能按期偿还贷款，银行只能收回房屋，却卖不到高价，因而大面积亏损，遂引发了次贷危机。

次贷危机如“星星之火可以燎原”之势越刮越猛，从 2007 年 8 月开始席卷美国、欧盟和日本等世界主要金融市场。进入 2008 年，美国金融风暴愈演愈烈，受次贷危机影响，美国五大投行中的贝尔斯登破产，房利美和房地美两大美国房贷融资巨头被政府接管，拥有 158 年历史的雷曼兄弟提出破产申请，有着 94 年历史的美林被收购，前后仅半年时间，华尔街排名前五的投资银行竟然垮掉了三家。美联储前主席艾伦·格林斯潘评论说，美国正陷于“百年一遇”的金融危机中，这场危机引发经济衰退的可能性正在增大。

最可怕的是市场丧失信心，全球股市狂泻难止，人们纷纷担心经济危机可能会影响全世界，进而引起全球范围内的经济危机。如果一个区域内的人对未来的经济预期越来越悲观，将使整个区域内货币币值出现较大幅度的贬值，经济总量与经济规模出现较大的损失，经济增长受到打击，往往还伴随着大量企业倒闭，失业率提高，经济萧条，甚至有些时候伴随着社会动荡或国家政治层面的动荡。

我关注着这场经济危机，深知现在的经济已经全球一体化，蝴蝶效应越来越明显，美国的消费能力、货币利率会直接影响中国等亚洲国家的出口、经济发展和就业等。我判断全球资本市场的低迷将很快蔓延到中国互联网行业，使企业融资难度加大。果然，与 2007 年中国互联网行业红红火火的上市潮相比，2008 年的市场显得格外冷清，只有一家互联网公司成功上市。

互联网的冬天来了。然而，此时中国的网络视频行业仍然是继续烧钱的模式，网络视频网站纷纷借助资本的力量展开了争夺流量和用户的巨额营销活动，以及斥巨资购买热门版权的比拼。素以烧钱闻名的网络视频行业应何去何从？第一视频接下去该怎么发展？是否也要跟风，加入视频网站的混战中去？

我思考后决定第一视频绝不能跟风。

我观察到网络视频之所以烧钱实际上是由它的商业模式所决定的。中国互联网产业的很多商业模式都是舶来品，通俗地讲企业上市前都有一个“美国靠山”。比如新浪上市前被认为是中国的雅虎，而第一视频上市时美国有 Youtube 视频网站，很多人都认为我们要做中国的 Youtube。Youtube 的商业模式是允许用户上传和播放视频，广告是其主要收入来源。最初，第一视频的商业模式也定位为依靠广告收入支撑的视频平台，后来 Youtube 有了付费视频这个模式后，第一视频也尝试建立了这样的模式，然而中国的互联网用户并不习惯去为某种东西付费，建立起付费模式要经历一个漫长又艰苦的过程。

2006 年开始，第一视频一直在探索长视频的发展模式，我曾将几亿元投资其中。长视频是非常传统的运作模式，我以出品人的身份投资拍摄了新《水浒》[1]，但巨大的投入并未产生盈利。

这时我反复思索，从商业模式看，靠点击量、靠流量转换成广告，图文网站能够支撑这种商业模式，但是为什么视频网站就一直不行？最后发现有三座大山压在视频网站上。第一座大山就是带宽、流量，播放视频用的流量比观看图文多很多。第二座大山就是互联网这个产业实际上还属于劳动力密集型产

---

① 《吴子牛导演执导新版〈水浒〉发布会实录》，新浪网，http://ent.sina.com.cn/v/m/2007-10-29/17361768623.shtml.

业，视频编辑要做很多技术支撑的工作，需要招聘很多人，所以劳动力成本相对较高。第三座大山是内容的成本，很多图文的内容其实在以前是免费分享的，图文网站和图文的终端在内容成本上的压力不是很大。而视频不一样，电视剧放到网络上播放需要收取高额的版权费。电视剧从原来的打包收取版权费，逐渐变成按集收费，而到 2010 年一集电视剧已经从几年前的每集 100 元涨到每集 1 000 元，甚至出现了一集 18 万元的天价电视剧。电视剧价格如果突破一集 1 万元，就超过了视频网站的承受能力。

这三座大山，流量、版权和劳动力成本压在网络视频企业身上，视频网站生产每一个点击的成本要远高于图文网站，并且是毛亏。随着视频网站的规模越做越大，亏损的窟窿越来越大，钱也烧得越来越多，往往视频网站一个季度就要烧掉 5 000 万美元。

运作第一视频一段时间后，我很快觉察到视频网站烧钱的尴尬处境。我面临两个抉择：一个选择是像 Youtube 一样，继续找钱烧，目标是把平台做大，把用户量做大，提高市场占有率和用户覆盖率，想着有朝一日能把它变现，扭亏为盈；另外一个选择就是停止烧钱，保存实力，另辟蹊径去寻找盈利的业务，支撑起这个上市公司。显然，在互联网的冬天想在资本市场继续融资，继续获得资金是不可能的，而且在没有利润支撑成本的情况下，如果继续大幅度烧钱，无疑会令企业灭亡得更快，这既不符合企业管理的基本规律，也不符合经济学的基本常识。

我果断做出了选择。我召集了第一视频的中层管理人员给他们布置全年战略，当我在白板上写出"剩者为王"几个字后，员工们吃惊地看着我。

"张总，您写错了吧。不是应该是'胜利'的'胜'吗？"一名员工问道。

"没有，就是这个'剩余'的'剩'，"我回答说，"听起来有点保守。剩者为王，就是在该收缩的时机要收缩，想办法渡过难关。我们现在不要追求胜利，因为现在并没有胜利的条件，眼下相当于战争进入相持阶段，你想速胜，必然速死。所以我们现在的目标不是让视频网站挤入全球排名前几百位，通过烧钱获取大量的流量用户，只要存在就是胜利，最终资本市场的严冬过去后，能剩下来我们就成功了。"

"那未来我们的业务方向是什么？"又一位管理层员工问道。

"我仍然坚定不移地认为未来属于手机移动互联网，"我说，"虽然手机视频业务在目前的技术和情况下烧钱成本太高，但是手机上的剩余时间很多，大家仍然要去消耗这部分时间。尽管手机上有微博，我们不可能再从头开始做微博那样的产品，我判断例如手机视频、手机游戏、手机电商都是今后发展的重点。"

我进一步向员工们解释："网络视频这块业务不是不做了，而是要把它稍微冷冻一下，尽量降低成本。所以第一视频必须放弃长视频，作为一个微视频门户存在，主攻方向改成版权成本相对较低的短视频新闻，目标是互联网、电视和手机‘三屏通吃’。”

这样的调整是我深思熟虑后的决定。长视频也就是影视剧，对于我们来说收不回巨额版权费的投资，必须要放弃。所谓微视频是指播放时间在 3~5 分钟的短视频，不仅带宽消耗相对低，能满足互联网用户的需求，还能延展到手机用户，这是传统长视频不能比拟的。此外，对内容制作者的要求也比长视频低很多，几乎人人都能生产短视频内容。手机适合干什么？它适合做上传的工作，开设了微视频后，在合适的带宽下，用户花很少的钱，就能把认为有价值的视频传送出去。再结合广播电视网，会更有价值。微视频短小精悍，它可不是简单的重复，而是精耕细作，会成为将来的时尚之一，广告商也会为之买单。

而第一视频作为资质最齐全的网络视频公司，几乎有所有的许可证和牌照，我们不但有网络视频播放许可证、网络内容制作许可证，还有网络新闻播放许可证、手机电视许可证。在平台上播新闻，既能产生一定的流量，还能获得一部分广告费，因此它能够在低成本的情况下运营。

我判断时政新闻一定可以成为第一视频的一面旗帜，因为有新闻媒体的主页就要符合国家对于媒体的管理规定，这既是约束，也是优势，它让第一视频不仅是一家简单的互联网企业，同时有了媒体属性，我需要保住这个平台让它作为旗帜来带动第一视频旗下其他产业的发展。

改变战略后，在“剩者为王”的基础上，我收缩了视频网站的投入和人员配置。第一视频高调宣布了“微视频”正式上线，并不惜花费七位数的资金购买了 v1.cn 的域名，更换到新域名后，邀请了各界明星前来助阵扩大知名度。在内容方面，微视频门户创立每天 16 小时全程自制类直播的微视频网络视频节目和 19 小时 30 分钟全程直播的移动网络电台节目，打通视听直播全日制的两条平行线。在来源方面，微视频门户更多的用户使用自制直播节目，同时采用自主研发的监听监看技术，确保用户上传的原创内容符合相关政策和法规。在保证新闻真实性的基础上，微视频将采用更多元化的表达方式，增加视频的可看性，实现差异化表达。

另外，我和王淳带着第一视频主力部队去寻找更好的利润增长点。2009 年，第一视频开始在手机终端推出“手机采购”，这项业务的推出让第一视频持续亏损的年报首度扭亏为盈，第一视频还拥有了“邻讯”“快乐易购”“快乐风”“彩视界”等子品牌，这些子品牌也成为第一视频的盈利工具。第一视频还开始同中国移动、中国联通和中国电信紧密合作，开通了手机电视、手机彩信、彩铃等增值业务，并在 2010 年覆盖了中国 5 040 万手机电视用户。

第一视频的战略调整让我获得了不少媒体的赞誉。例如，《数字商业时代》在 2010 年采访我时，评价我是“两条腿走路”“曲线救市，打了一场迂回的胜仗……为第一视频未来重返视频领域铺好了路”。但也有一些人认为第一视频没有做起来，觉得我善变。

面对质疑声和嘲笑声，我不愿多解释。到今天我也不愿意用“燕雀安知鸿鹄之志”来形容那些嘲笑和贬低我的人。真正聪明的人知道，为了应对不断变化的市场，战术和方法可以变，例如产品格局、性能和组合，而关键的战略是一成不变的，认定互联网，认定微视频就会坚持走下去。

做大不一定强，做强不一定大。长久的辉煌才是成功之道，剩者为王，最终是为了胜者为王。

我对王淳说，不管外界褒贬，我们走自己的路，让别人去笑吧！他们不知道的是，我和王淳正在积极筹备进军更大的两个行业——彩票和手机游戏，而正是这两块业务将为第一视频未来的发展打下雄厚的资金基础。与此同时，第一视频积极稳健进取的发展格局和格调，使我们不久之后就在品牌宣传上“四两拨千斤”地将第一视频的品牌推向了中国乃至全世界。

第二节　搭上 2008 年奥运快车

第一视频上市后，品牌宣传无疑成为一个重要的课题。品牌宣传不仅需要资金，还需要事件作为引子加以运作。如何用科学的方法把钱花在刀刃上，来建立第一视频的品牌影响力？我认为网络视频媒体有着媒体属性，我希望第一视频品牌建设的基调能厚重一些，希望它的品牌建设能跟国家的需求和国家大事相连，能够突出媒体品牌的特点和特色。

2006年第一视频刚刚上市，马上就要迎来2008年的北京奥运会，奥运会是中国人民盼了几十年的大事。消息一出，全民欢欣鼓舞，全民办奥运，向世界展示一个健康向上的中国是大家共同的愿望。

随着2008年脚步的临近，中国将迎来第29届夏季奥林匹克运动会——北京奥运会。这对于网络视频行业来说，无疑是一个“大机会”。我想，如果能够把第一视频的品牌建设和奥运会联系起来，那毫无疑问将把第一视频的品牌效应辐射到全世界，这对第一视频今后的发展具有重要的战略意义。不过，把眼睛盯在奥运会上的不仅有中国的企业，世界各地的企业也都把北京奥运会看作是极大的商机。那么第一视频能否抓住这一机遇，就是对第一视频能否立足于市场的一次检阅。我们能不能出奇制胜，在众多的竞争对手中胜出，来分“奥运”蛋糕，成为奥运会的合作伙伴？融资以后，第一视频的实力大大提高，我们既有资金实力，又有服务奥运的意愿，这为我们和奥运牵手提供了一个好的前提条件。所以我和王淳一致决定要努力试一把，让第一视频为奥运会做出贡献。

当我和北京奥运会组委会（以下简称奥组委）接触后发现，要为奥运做出贡献并非易事。首先，奥运会对赞助商的要求极其严格。其次，2006 年人们尚未完全理解网络媒体在媒体行业中的定义和前景，相比传统媒体的强势，网络媒体只是一个新兴的信息时代的产品。网络媒体怎么去赞助？怎么与奥运相结合？大家都在摸索中。

当我联系上奥组委时，赞助奥运会的网络媒体已经有了搜狐，并且搜狐还签下了奥运主赛场网络媒体独家赞助。奥组委看到第一视频作为第二家网络媒体来争取赞助奥运会觉得挺意外，但随即开始对第一视频进行了尽职的调查。

能否在竞争赞助北京奥运会的众多企业中胜出，拼的不仅是资金是否充足，还有一个非常重要的指标，就是企业资质是否符合中国的各项法律法规，有没有国家有关部门颁发的各类证照。正是这样一个关键性的指标，卡住了不少互联网企业。

此时“先造林后养鸟”的经营理念一下子凸显出第一视频的优势。从第一视频诞生起，我就提出第一视频首先要取得国家有关部门颁发的合法经营执照后才能上线运营。我从国有企业的经营中学到的是稳健经营企业的思路，始终坚持认为不论是什么类型的企业在什么样的环境下，只有合法合规的经营才能使企业做大做久，因此在创业之初我们便克服各类难关，拿到了经营所需的全部资质，第一视频成为当时全国首家拥有全部视频运营资质的网络公司。而从公司创立到 2005 年 12 月 8

日第一视频正式上线，仅用了半年时间。

虽然“先造林后养鸟”的经营理念在平时看不出重要性，但在能否成为奥运会合作伙伴的关键时刻却起到了重要作用，这也应了那句格言“机会总是留给那些有准备的人”。

除了奥运会的主赛场需要赞助以外，还有一个新媒体记者中心需要赞助，我了解到这个新媒体记者中心和奥运会主赛场的记者中心不同，它叫“非注册记者中心”，所采访的奥运会体育项目也不一样。奥运会主赛场的记者中心是负责报道奥运会赛事，而这个“非注册记者中心”中的几千名来自不同国家记者的任务是报道北京奥运会以外，中国社会的方方面面，如人文历史等，他们侧重于对中国文化的深度报道。这里的记者包括来自世界各地的体育记者、社会新闻记者等。

“非注册记者中心”就设在北京华北大酒店。于是，我亲自去拜访了该中心的负责人。

“想赞助奥运会的企业非常多，首先你们要出具国家颁发的各项网络媒体资质证书。达不到这个要求，有再好的愿望、再强的实力也不行。”该负责人先向我提出了门槛要求。

我向他介绍了第一视频的牌照优势，并向他展示了各类资质证书的复印件。

可以说，在网络视频的经营资质方面，当时其他公司都无法跟第一视频相比。算上 2008 年新申请的 3 项资质证书，第一视频已经有了 12 项经营资质。单凭这一点来说，第一视频也是名副其实的“第一”了。

即使其他公司也被授予同样的经营资质，第一视频也仍然有自己的优势。以国家广电总局颁发的网络视听许可证为例，虽然同时有247家公司获得此经营资质，但是这里面却存在着很大的差异。原因是国家广电总局颁发的网络视听许可证实行的是分级管理，并且主要采取以下方式：资质好的企业可以获得视频节目的采集、编辑、制作、播放的权利，而部分民营的UGC（用户原创内容）网站只被允许经营视频分享，这与前者的经营范围、运营权利和影响能力有巨大的差异。而第一视频则凭借优秀的管理模式和对法律法规的敬畏获得了高等级的经营许可，这就意味着，在分级管理方面，第一视频已经凭借自身实力跃升到了视频行业的第一梯队。

资质方面的关卡一过，该负责人又说道：“既然作为网络新媒体，你们要给各国记者提供最好的网络工作环境，要让记者采访的素材经过我们的记者中心编辑后上传到各国的媒体平台上，你们能不能做到？”

我自忖这个问题必须要经过评估后才能判断，谨慎起见我提出要经过研究后再给他们答复。回到公司后我立即召开会议，找来了专业公司对这一要求进行评估。专家们认为，要做到这一点需要投入上千万元的资金。

尽管这不是一笔小投资，我深思熟虑后还是认为这次与奥运会合作的机会对第一视频来说是一次百年难遇的全球品牌建设机遇。我当即决定采购全套的苹果系统设备以提高记者中心的硬件配置，争取给各国的记者提供更好的服务。

为什么要采购苹果系统设备呢？因为当时各国的记者大多数使用的是苹果电脑，他们比较熟悉其系统，能很快上手。我们购买配套的苹果设备，就不用再办培训班让他们学习使用其他品牌设备的软件。当然，苹果系统设备价格比较昂贵，投入也大。我们向“非注册记者中心”保证，一定按照要求满足其规定的条件，为各国记者提供最先进的苹果电脑软硬件的支持系统，提供优质的工作环境让记者们满意，使他们在奥运会期间能够有一个好的工作体验。

奥组委调查了我和第一视频后，认为无论是我个人的经历还是第一视频的发展历程，都经历了全方位的考验。最后奥组委得出的结论是：第一视频有着雄厚的经济基础，企业领导和员工有强烈的为奥运会做贡献的意愿，且是一家在政治方面可靠的新媒体企业，完全符合奥运会合作要求。经过北京奥组委审批同意，第一视频成为“非注册记者中心”合作伙伴。

“第一视频成为 2008 年北京奥运会新媒体合作伙伴”的消息一经传出，公司内外沸腾一片。看见公司员工振奋的状态，我感到欣慰。由于第一视频上市之后，我们实行全员期权，加之上市前和融资时，大家像扭成一根麻绳般地竭力拼搏，在完成这两大任务后，特别是实行了全员期权之后，公司内部出现了一种歇歇脚、松口气的风气，有的员工认为融资成功后企业有钱了，就不需要加班加点地努力和拼搏了。“全民办奥运”带动了积极的社会环境和气氛，与奥运会合作，以及我们成为奥运会合作伙伴做好优质服务的重大目标任务，对于重鼓第一视频员工士气起到了非常重要的促进作用。

当奥组委领导来到我们公司办公大楼签约的时候，第一视频全体员工都自发地站在大楼的门口和过道两侧，目睹我和奥组委的领导签字仪式的盛况。当签约完之后，全场鼓掌欢呼，大家高呼：“我们第一视频终于和奥运会牵手了！”当时，第一视频能跟奥运会牵手，我们所有人都有一种强烈的自豪感。

奥运会结束之后，第一视频在“非注册记者中心”举办了一次名为“心手相印，百米长卷留下你的手印”活动，5 000 多名来自全球各地的记者将手涂上五环旗的颜色，把自己的手印印在一块百米长的洁白的布上。活动反响很大，其实我之所以能策划出这个有着奥运情结的特色活动，是受到了“千里送鹅毛”的启发。

中国有一个“千里送鹅毛”的典故，比喻礼物虽然微薄，却含有深厚的情谊。这一典故据说发生在唐朝贞观年间大唐的藩国西域回纥国。一次，回纥国为了表示对大唐的友好，便派使者缅伯高带了一批奇珍异宝去拜见唐太宗。在这批贡物中，最珍贵的要数一只罕见的珍禽——白天鹅。

缅伯高最担心的也是这只白天鹅，万一它有个三长两短，可怎么向国王交代呢？因此，一路上，他亲自喂水喂食，一刻也不敢怠慢。这天，缅伯高来到沔阳湖边，只见白天鹅伸长脖子，张着嘴巴，吃力地喘息着，缅伯高心中不忍，便打开笼子，把白天鹅带到水边让它喝了个痛快。

谁知白天鹅喝足了水，一扇翅膀，“呼啦啦”一声飞上了天！缅伯高向前一扑，只捡到几根鹅毛，却没能抓住白天鹅，眼睁睁看着它飞得无影无踪，一时间，缅伯高捧着几根雪白的鹅毛，直愣愣地发呆，脑子里来来回回地想着一个问题：“怎么办，进贡吗，拿什么去见唐太宗呢？回去吗，又怎敢去见回纥国王呢？”随从们说：“天鹅已经飞走了，还是想想补救的办法吧！”

思前想后，缅伯高决定继续前行，他拿出一块洁白的绸子，小心翼翼地把鹅毛包好，又在绸子上题了一首诗：“天鹅贡唐朝，山重路更遥。沔阳湖失宝，回纥情难抛。上奉唐天子，请罪缅伯高，礼轻人意重，千里送鹅毛！”

缅伯高带着珠宝和鹅毛，披星戴月、不辞劳苦地赶路，不久就到了长安。唐太宗接见了缅伯高，缅伯高献上鹅毛。唐太宗看了那首诗，又听了缅伯高的诉说，非但没有怪罪他，反而觉得缅伯高忠诚老实，不辱使命，就重重地赏了他。

从此，“千里送鹅毛，礼轻人意重”便成为我国民间礼尚往来、交流感情的写照，蕴含着中国人情意无价的智慧。

由于百米长卷的活动搞得有特色，受到了社会媒体的广泛关注，不少媒体采访我时都问为什么要举办这样的活动，除了从“千里送鹅毛”中得到的灵感外，我想到的是第一视频在奥运会期间与“非注册记者中心”合作的半个多月来，我们与所服务的全球 5 000 多名来自不同国度的记者朋友，建立了深厚的友谊，奥运会有结束的时候，但是我们的友谊长存。

奥运会期间我就一直在思考，这些来自不同国度的记者来到中国报道奥运会以及中国社会的文化时收获了很多，奥运会结束后他们将会离开，我们如何才能把他们的心留在中国？因此，我就想搞一个纪念活动，让历史记住这届奥运会，让历史记住第一视频曾经参与过这次奥运会，让历史记住我们与各国记者朋友的深厚友谊。于是，我就策划了这样一个具有奥运会特色的活动。

一般的活动很难把这些记者朋友的真情留下来，当时这些记者的口号是：“我们用镜头来报道奥运。”我想既然记者是用他们手中的相机捕捉一个个的历史瞬间，那么当他们要离开北京的时候，我们也希望用他们那双曾经报道奥运会的双手来纪念北京奥运会。如何用他们的手来纪念奥运会呢？

我突然灵光一闪，想到奥运会上经常唱的一首歌叫《心手相连》，于是我就想到了用一块洁白的布，让他们在手上涂上五环旗的颜色，把自己的手印印在这块白布上。“心手相连”，留下了他们的手印，也就留下了他们的心。

那么多记者来到中国，他们把手印印在百米长卷上，签上名字，也就是把心留在了历史的记忆中，留在了北京奥运会，这百米长卷便是承载着全球 5 000 多名不同国家和地区记者心灵的纽带。在“心手相连”这个主题下，他们留下了曾经报道奥运会的永恒的历史痕迹，也会把这件事深深地铭记在心里。这份记忆就是撒在他们心间的种子，若干年之后，如果中国再去申请奥运会，就会勾起他们的回忆。那时，他们已经在各自的岗位上做得很出色，影响力也更大了。他们曾经来过中国，并把他们的手印留在了中国，他们就会对中国有更深刻的感情。如果我们再申办奥运会，他们就会觉得我曾经参与北京奥运会，那种潜移默化的感情就会再次爆发，他们会更关心和关注中国，这是我的一个基本的互联网思维。

中国举办奥运会的时候有那么多精彩的事件和镜头，我觉得这么多记者的手印印在长卷上，成为“心手相连”的心灵纽带，一定能够永恒地保留下来。果然，之后这个百米长卷被中国体育博物馆纳入馆藏。第一视频曾服务于北京奥运会也成为奥运会历史上的一个事件，被永久地记录了下来。我想，百米长卷的影响一定是深远的，它会持续发酵，对中国在国际社会地位的提高以及第一视频今后的发展，都会有独特的影响力。

成为北京奥运会合作伙伴之后，第一视频在奥组委、北京市政府的领导和相关业务职能部门中的品牌影响力得到了很大的提升。应该说这个具有国际影响力的品牌建设举措，不是仅仅依靠投钱就能达到的，它既需要相当大的知名度，又要有新高度和厚重感。因此，我认为抓住了这一个机遇，成为奥运会的合作伙伴，对于第一视频来讲是值得分享一生的价值所在。

直到现在，每当第一视频谈业务，当客户得知我们曾是北京奥运会合作伙伴时，对我们的信任度一下子就提高了。因此，从这一点上来说，我们当时的决策是非常正确的。能够做出这样的决策，和我当时选择在北京工作的长远发展眼光以及思考问题的前瞻性是分不开的。我当时就敏锐地觉察到，我们的品牌建设应该着眼于北京奥运会，公司品牌宣传的影响力就应该从一个更高的点起步，而且我们没有简单地从经济的得失上去衡量赞助奥运会这件事，而是把目光放得更远。成为奥运会的合作伙伴既实现了我们为振兴民族体育事业做出一份贡献的愿望，同时也达到了让我们第一视频的品牌宣传从一开始就跻身于一个高层次、具有悠久历史的品牌的目的，能够为第一视频的后续发展打下一个深厚的基础，为后人留下宝贵的无形资产。

第三节　逼出来的联播网“巴士”

第一视频的联播网一直被外界称赞，那么多新媒体加盟网站密集地在一个平台上共舞，被人们誉为中国互联网新媒体的突破性创新，还得到一个外号——新媒体的“巴士”。但是人们却不知道第一视频的这一创新是被逼出来的。

我曾经对媒体说："创新从来不会从天上掉下来，创新就藏在困难中，解决困难才能获得创新成果。"

回想 2006 年，第一视频经营视听业务之初就组建了高素质的业务部门——总编室和节目审看中心，完全按照正规媒体的管理体制进行管理。内容也以自主版权为主，生产独家视频节目，从节目采编、制作、摄制到后期全部由自己的团队完成，这在 2006 年的视频行业里绝对是一大特色。各类节目特色鲜明，极少出现低级、媚俗、恶搞内容，不存在版权纠纷方面的隐患。由于网民在这里看到的是独一无二的节目，网站对观众的吸引力越来越强。为了丰富和增加节目内容，第一视频还大力开拓与相关影视机构的合作。

但是，市场是千变万化的，随着市场竞争的日益激烈，当时的互联网企业出现了一种奇怪的现象，不正规的企业钻市场环境不完善的漏洞，不惜利用盗版视频来增加网站流量，反倒使一些正规的互联网企业难以为继。要想生存，要么也去做不合法的事，随波逐流，要么坚持原则克服困难寻找市场上的新机遇。2006 年 7 月，第一视频出现了第一次在经营中入不敷出的情况，不要说工资，就连房租都快交不起了。为了解决资金困境，按照市场规律，我有三条路可以选择：一是银行贷款；二是引进风投；三是上市融资。

第一种办法直接被我否定了。因为贷款需要担保，银行希望担保者都是中国移动、中国联通这些有实力的公司，要想找到这样的担保者，谈何容易！

第二种办法是引进风投，主动出击，试着跟天使基金洽谈。但谈了几家后发现这条路也走不通，天使基金提出的条件都太苛刻。要知道，为了遵守政策规定，我们已经把第一视频的控股权无偿转赠给了相关管理部门代持，第一视频实际上不可能接受天使基金提出的苛刻条件。

第三种办法是让公司上市融资。这对于当时成立不久的第一视频来说，就好比是上华山，既险且难。然而，在资金链断裂之前我必须去市场闯一闯。我把关于上市融资的选择给大家做了说明，并鼓励大家为公司上市努力拼搏。当时大家十分振奋，为实现上市的目标日夜奋战。我永远不会忘记，那时，大家因为赶制节目，经常通宵达旦，几乎所有的第一视频人都顶着星星来，顶着星星走，第一视频办公室的灯光总是彻夜不灭。整个团队奋发图强之势，足以令人相信第一视频会等来灿烂的未来。

这样艰难的处境逼着我和团队独辟蹊径，我策划了一个名为“无极视频网络联盟”的新项目，也就是后来的“第一视频联播网”的雏形，该联盟将其他网站视频内容和广告都集成到第一视频的平台上来。简言之，在加盟网站上加载第一视频播放器播广告，由广告主买单，第一视频获利后向加盟网站分成。这个模式最大的卖点在于，集合众多的加盟网站形成规模效应，有点像网络上的分众，只不过更直接、更智能，按照时间、地域、行业对广告进行精准投放，实现了广告主利益的最大化，也帮助加盟网站找到了另一利益来源。

我提出的这一创意得到了第一视频骨干成员的支持和拥护，创意团队立即进行细化和延伸创意开发，设计团队马上进行产品的设计包装，技术团队迅速开发相关的软件和后台，到 2006 年底，整个产品的开发阶段已经全部完成。

2007 年初，“无极视频网络联盟”开始全线推广，加盟网站数量的增长速度超出了我的想象。统计显示：到 2007 年 11 月，“无极视频网络联盟”的日 PV（页面浏览量）突破 3 500 万。到 2009 年 6 月，日 PV 已经突破 1.5 亿，播放终端的数量已经近 6 000 万。这个奇迹般的数字，印证了中国网络视频领域中一个新营销模式的成功。

“无极视频网络联盟”为什么能够成功？是因为它所具有的轻资产共享模式。互联网的优势是“平台战略”，建立平台是轻资产，就是说没有资产，资产是由商家提供。例如 O2O、P2P（个人对个人）不需要投资。如果要加盟第一视频，在加盟网站上加载第一视频的播放器播广告，由广告主买单，第一视频获利后向加盟网站分成。我们要做的就是把品牌建设好，把品质管控好，为加盟站“背书”，放大规模，使平台产生效益。

当时，亚力克萨（Alexa）排名 20 多万开外的网站，日均点击量在 3 000 次以上，它们的流量并不具备单独投放广告的价值，而“无极视频网络联盟”的目标就锁定在了这些数以万计的中小视频网站上。

在我的计划中，倘若此类中小视频网站加入“无极视频网络联盟”，那么第一视频就将为其提供带有广告的视频内容。而对每个加入“无极视频网络联盟”的中小网站来说，只要有人点击其网站上面的广告，第一视频就会根据一定的标准支付其费用。毫无疑问，这种能将流量变成现金流的化学反应是吸引中小网站加盟的根本原因。而随着众多中小视频网站的加盟，“无极视频网络联盟”的广告投放价值最终将持续增大。

2008 年 8 月，我将“无极视频网络联盟”升级成了“第一视频联播网”—— 一种基于长尾理论的视频广告新模式。

美国的克里斯·安德森提出的长尾理论认为，由于成本与效率的原因，当产品的储存流通展示的场地和渠道变得足够广阔时，商品的生产成本就会快速下跌，以至于个人也可生产商品，并且商品的销售成本也会急剧下降，这时几乎所有曾经看似需求极低的产品都是只要出售就会有人买。这些需求和销量不高的产品所拥有的市场份额，也可以与主流产品的市场份额相比较，甚至随着市场的不断发展，会占据更大的市场份额。就是说，过去人们在市场上主要关注的是大客户，把大客户比喻成头部，而不关注那些分布很广的需求者，我们把这些需求者比喻成尾部。而在互联网时代，由于对成本的关注度极大降低，人们就可能会关注这些小客户，也就是尾部，使这些尾部所产生的效益大大超过头部所产生的效益。

我举一个例子。Rhapsody 公司是美国一家互联网音乐公司，如果把公司每月的经营数据画在一张图上，就可以发现 Rhapsody 公司和其他任何唱片公司一样，都有相同的符合“幂指数”形式的需求曲线，对排行榜前列的曲目都有巨大的需求，尾部快速下降的部分代表的是不太流行的曲目。

有趣的是，深入挖掘排在 4 万名以后的歌曲，这一数字正是普通唱片店的流动库存量（最终会被销售出去的唱片的数量）。而美国零售巨头沃尔玛公司在这些排在 4 万名以后的唱片上的销量几乎为零。这说明，要么沃尔玛没有销售此类唱片，要么就是此类边缘唱片的少数潜在本地客户没能找到它们，或者说，他们根本就没有走进过沃尔玛商店。

而这些歌曲在 Rhapsody 公司的需求却一直源源不断增长。不仅是位于排行榜前 10 万名的每个曲目每个月都至少会被点播一次，而且前 20 万名、前 30 万名、前 40 万名的曲子也是这样。只要 Rhapsody 公司在它的歌曲库中增加了曲子，就会有听众点播这些新歌曲，尽管每个月只有少数几个人点播了它们，而且这些点播者还分布在世界上不同的国家。

从这个故事中，我们可以感受到互联网企业应用长尾理论所创造的销售奇迹是如此惊人。

到 2007 年 9 月，第一视频联播网的会员日注册量已超出 10 000①，众多中国知名的广告代理公司都已倾情加盟。这时第

---

① 《张力军联盟术 抢占网络视频“吸金盘”》，新浪科技，https://tech.sina.com.cn/roll/2007-09-04/1534412749.shtml?from=wap.

一视频联播网再度改版。

改版后的第一视频联播网，于外更加关注用户体验、强化监测机制，于内更加注重加盟会员的绩效回馈和广告代理商、广告投放主与自身的匹配互动。第一视频联播网针对网站主、广告商和代理商的不同诉求开辟专区，通过精密的第三方检测，保证广告商及时看到自身广告真实确切的投放数量、投放范围和收看效果。第一视频联播网同时向广告代理商提供每日更新的各项数据，保证广告代理商帮助广告客户随时更新投放范围，提高投放效率。

到了2009年6月，第一视频联播网每天浏览量已经达到1.5亿次[①]，这个浏览量在中国网络视频行业中屈指可数。究其原因就是，和其他一些分享类视频网站相比，第一视频提供的视频内容质量高端，深受大众的喜爱。有些人对此可能不理解，认为人们不都喜欢看一些搞笑的视频吗？怎么内容高端的视频反而浏览量会更大？

其实这一点很好理解。人们只有在休闲的时候才会浏览搞笑类的视频，而充满了信息量、内容高端的视频，却是很多人为了工作需要不得不看的。那么，对普通大众来说，是休闲的时间长，还是工作的时间长？显然，没有人会把太多的时间花在搞笑视频上。

---

① 《第一视频董事局主席张力军的生存法则》，新浪财经，https://finance.sina.com.cn/leadership/crz/20090422/20306136822.shtml.

当浏览量急速增长时，第一视频又与双击（DoubleClick）公司签订了协议。双击公司是一家专为网络媒体及网络广告商提供数码营销服务的公司。根据该协议，双击公司将提供专业技术服务——专为针对和监测第一视频及第一视频广告联播网客户的横幅广告的网站曝光率及点击率而设。此举一出，第一视频广告联播网的广告商就能根据可靠的信息来源监测广告的有效率，透过第一视频了解浏览者的反应和习惯。因此，备受欢迎的广告将会传送给网站浏览者，以激发覆盖投放能量、提升收益及网站浏览人数。由于双击公司广受国际社会欢迎及认可，与其的合作给第一视频带来非常正面的影响，第一视频也给那些依靠虚假流量来误导客户的视频网站树立了一个榜样。

此时第一视频的品牌影响力正以前所未有的速度提升。很快第一视频联播网又迎来了新一次发展的突破——与中国移动正式达成了战略合作协议，双方强强联合共同推广中国移动的飞信业务。自此，数以亿计的中国移动手机用户和网民可通过第一视频全方位的推广渠道轻松获取飞信客户端，开启“飞信”式生活。

当时非常流行的飞信是中国移动通信推出的“综合通信服务”，它集聊天、互动、娱乐等功能于一体。飞信业务融合了语音、GPRS、短信等多种通信方式，实现互联网和移动网间的无缝通信服务。用户只要开通飞信服务，便可以免费通过 PC 端向手机好友发送短信，同时还能够以超低的费用随时随地与好友语音聊天。飞信的另外一个优势就是实现无缝连接的多端信息接收，MP3、图片和普通 Office 文件都能随时随地任意传输。因此，当时飞信已经渐渐成为办公室白领的首选沟通方式。此外，飞信集成的互动、娱乐和社区服务吸引了众多年轻人的加入，那时“飞客”成了一个非常新潮的群体代名词，“飞信”式生活也开始成为“后博客时代”网民的一种全新生活方式。

这一次中国移动与第一视频的合作还是看重了第一视频横跨互联网、通信、传媒三大领域的推广渠道。通过与第一视频联播网的合作，中国移动的飞信业务推广植入其全部的渠道内，网民不仅可以通过中国移动飞信主页下载客户端，还可通过第一视频主页上的“移动飞信”入口，在各个网站上以其他推广方式点击下载，通过短短几分钟的注册轻松享受移动飞信带来的全新网络生活。

经过不断修正和完善以及多次改版后，第一视频成为立足于高端网络视频社区的网络视频门户，以网络视频节目为载体，主打短视频新闻，配以直播等创新形式，覆盖 2 亿高端网络视频用户，在新媒体广告市场上遥遥领先。

仅仅获得商业成功并不能让我满足，我要把联播网“巴士”驶上公益之路，在大众心中留下积极正面的品牌形象。恰逢此时党中央提出“利用互联网的先进技术大力宣扬先进文化，为构建和谐社会添砖加瓦”，号召社会各界通过合作，以视频、音频为主要形式，宣讲贴近实际、贴近生活以及群众喜闻乐见的内容，广泛传播党的理论和路线方针政策，并通过不断推介声名远播、底蕴深厚、生动活泼的优秀宣讲家的精品报告，做到思想上解惑、文化上解渴、精神上解负。

为了响应这样的号召，2008 年 2 月，第一视频联手中国首家理论宣讲门户网站“宣讲家”，共同开办了《市民理论学校》《国际焦点》《见证历史》等网络视频栏目，以独特的视角解读经济、政治、科技、文化、社会、法律、国防、外交等各个层面的现象及问题，为中国网民提供了一个健康精彩的网络视频节目和互动平台。

这些栏目上的内容传播，扩大了正能量理论宣讲的覆盖面和影响力，以积极的世界观和价值观引导民众，增强了网上舆论的主流声音，也为第一视频提高了社会美誉度，第一视频联播网成为互联网新媒体名副其实的主流“大巴车”。

第四节　抗震中的直播契机

随着众多网站加盟，第一视频联播网的规模快速扩大，我常跟王淳开玩笑说，这辆“大巴”得有持续的创新来化作马力，否则车身越变越长，哪里拉得动它。在第一视频团队做出的种种创新技术中，最闪耀的当数直播模式，它与联播网一结合就产生了文化集束效应，彰显出新媒体的优势。

2006 年 10 月，第一视频刚刚上市不久，便凭借着互联网新媒体的互动性进行“金鸡百花电影节”活动的直播。这是我国第一次通过卫星和互联网进行的全程网络视频直播，它开创了我国网络视频直播领域的新纪元。

自从互联网视频技术诞生以来，没有条件观看电视的观众可以随时在电脑前收看节目。不过，和电视比起来，传统的网络直播受到网络传播速度、带宽等因素的影响，无论是速度还是清晰度都比不上电视，这在很大程度上制约了网络视频直播的发展。

我给第一视频直播提出的口号是“第一视频正在直播！向世界直播中国，向中国直播世界”！为了提高网速，在“金鸡百花电影节”活动开始前的几个月，我就派专人租用了一架转播卫星进行技术处理。由于有了高速度、高清晰度的转播卫星，网络视频直播的速度得到极大的提高。租用这颗卫星的价格高得令人咋舌，其投入成本远远高于传统的网络直播。但是我已经意识到，直播必将是网络视频的一个突出亮点和优势，也是网络视频企业所必备的“内功”，而且，直播也将成为网络视频一个重要的盈利点。

就在卫星网络直播的同时，观看直播的网友将网站挤得水泄不通。直播开始前，网站论坛里涌现了不少抢“沙发”的帖子，而直播开始后当明星们走上红地毯时，论坛上的留言更像炸开了锅一样热闹，网友七嘴八舌地评论明星的礼服、妆容乃至走路姿态。一些网友甚至同时观看网络直播和电视直播，好奇地对比两者的观看效果。一位网友认为，对他来说最有趣的是一边看明星一边在论坛里发表自己的意见。

对于这次卫星直播有业内人士发帖评论："此次卫星网络直播采用的是免费观看的形式，第一视频为此付出的代价未免过于高昂！"而我认为，随着电视媒体的娱乐节目迅速增加，如果再不提高图像的传输速度和质量，那么难以想象人们为什么还要上网看直播节目。因此，就算投入再大成本，我们也坚持要用最好的技术手段和方式来呈现"金鸡百花电影节"庆典的盛况。说投入太大的人只看到了短期效应，如果从长期效应来看，随着互联网技术的日益强大和成本的降低，网络直播的形式将会被越来越多的视频网站所应用。毕竟，网络的互动性是电视媒体所无法媲美的。

尝试网络直播后，第一视频通信传媒分别与微软 MSN 中国、联通新时讯通信有限公司及中国网通旗下的 CNCMAX 等领先的互联网及电信网络营运商，成立了多媒体在线视频频道。通过这些网络直播频道，第一视频通信传媒向互联网及移动电话用户提供包括财经、娱乐、生活及体育等直播节目，依靠第一视频独特的互联网及卫星技术，发挥了第一视频网络视频直播的优势。

功夫不负有心人，在持续积累了两年直播经验后，联播网的直播模式在一场突发事件中发挥了特殊作用，一下子成为新媒体直播模式创新的标志，第一视频也由此声名鹊起。

2008 年 5 月 12 日，地动山摇，汶川大地震震惊了全世界，揪紧了人们的心。这场罕见的灾难将社会各方力量紧急汇集起来，它是考验，也是机遇。对于第一视频来说，这是展示直播创新、团队建设乃至公益心的一个集中大爆发的契机，也是我个人心理上的一次重塑。

纵观传播史，任何重大突发事件都会让跑得最快、最专业的媒体一举成名，这就像 1999 年北约轰炸中国驻南联盟大使馆事件让新浪网一炮打响一样。这一次，我们要跑得够快！更重要的是，这一次，我们有直播这个“利器”！

虽然直播在 2008 年时造价极高，必须租用卫星才能办到，但是我立刻要求公司对于地震要用最快、最高品质的直播形式，这无关商业和金钱，而是我内心深处的责任感在要求我这么做——这是为祖国和人民尽力的时刻！

地震的第二天，我和第一视频直播部及后期部门的同事已为报道地震情况战斗了一整晚，这时第一视频监听部的鲁靖来到我面前。这个姑娘来第一视频已有三年，业务能力成长得很快，地震发生时她在办公室里拍的视频在上传到第一视频网站后，名列“中国第一快”，被多家网站争相转载。

“董事长，请您批准我去汶川！”她说。

“什么？”我盯着这个瘦弱的“80 后”姑娘，她从未经历过任何重大自然灾害。我难以相信这个才 20 多岁，体重不到 80 斤的姑娘要去一线。

“我已经决定了，我要把灾区的消息尽快通过咱们网站发出来！您就让我去吧，我知道您担心什么，我保证完好无损地回来，如果公司不允许我去，我就请假自己去！”她连珠炮般地说了一串。

这一天，鲁靖一连 6 次出现在我面前，同时要求去四川进行报道的还有编辑部的李晓。当我知道还没有媒体到当地去采访后，我立刻决定派一支八人救援报道小分队赶赴灾区，一边报道一边救援。我想借这个机会让外界更多人了解第一视频的新媒体直播实力，同时锻炼这支年轻的直播队伍。

到了傍晚，细心的王淳已经给她们准备好了全套装备和在办公室准备的一箱子带去抗震前线的物资，并且买好了两人第二天早上八点去成都的机票。

临行前王淳依然有点担心。“记住万事要小心，一定要时刻与公司保持联系，有问题随时打电话给董事长和我。”她拉着两个姑娘的手说。三年共事下来，她早已把第一视频当成自己的家，这批孩子就是自己的孩子。

在接到命令后，小分队 5 月 14 日下午在成都集合，马不停蹄地投入工作第一线，第一视频“第一时间”24 小时的救援直播节目就此开播。

小分队不断地从前线传回地震灾情信息。一天鲁靖刚到一所受灾学校就发来现场照片，看着抢险救灾官兵和我们小分队的队员一起搬开瓦砾救出被埋的孩子、分发食物的场面，后方的团队成员包括我，每个人都觉得心在颤抖。

我让大家把带去的食品发放给灾民，他们就沿途把带的矿泉水、方便面等食品都捐给了灾民。在捐助食品的过程中有许多人在寻找亲人，可他们又找不到，电话打不通，但当时网络还是通畅的，小分队把这一情况告诉我后，我们马上在与第一视频联播网合作的 4 万家网站的 1 800 万个视频播放器上直播灾区情况，开通亲情热线为灾区传递寻亲信息，让那些与亲人失去联系的人尽快通过网络文字找到亲人。第一视频直播间还请来中国科学院心理研究所所长张侃等心理专家进行了地震心理介入的普及。

接着小分队发现当时有许多人愿意捐款捐物，但又没有一个快速的途径。我又决定联合民政部中国社工协会、中国红十字协会，在第一视频开通献爱心捐款热线。

5 月 15 日，灾区传来地震的最新消息：遇难 14 866 人，其中成都 1 215 人、德阳 6 049 人、绵阳 5 430 人、广元 711 人……50 个小时过去了，我看着这些数据说不出话来。直播间的同事们非常默契地保持亢奋的状态，用这种特殊的方式鼓舞彼此的斗志，祭奠飘向天堂的亡魂。只是我知道，他们没有一颗心不在抽搐和悸动。

此刻需要所有人携手努力。我想除了第一视频，有着同样想法的网站必定千千万万，于是我联系了北京网管办和北京网络媒体协会的相关负责人，在他们的支持下，第一视频联合百度、搜狐、TOM 网、千龙网、中华网、奇虎、空中网、Myspace 等，发起了“爱心牵盼，联动世界”中国网络视频大联播行动。

我们组成了网络视频有史来的第一次，也是最大的一次网络视频联播行动。在大灾面前，中国网络界齐心贡献力量，保证第一时间传递赈灾信息，这真的很棒！

5 月 16 日晚，一场名为“网聚你我，共献爱心”的网络界抗震义演晚会在北京举办。现场实况需要在互联网上直播，第一视频便主动承担了这一任务。其实在大会现场的直播网络企业也不少，但是网络拥堵，仅靠网络直播根本无法顺利进行。为了能真正把大会实况直播出去，我们专门租了一台卫星直播车，直接开到大会现场与卫星连线，通过卫星地面站网络避免直播网络拥挤的状况。

在晚会开始之前，中国互联网协会的理事长胡启恒就询问了哪几家公司直播大会实况。她听说第一视频把卫星直播车开到了现场后，特意来车上查看。

她问我：“你们搭卫星能播得出去吗？”

我说：“您是中国互联网行业的专家，请您看一看就知道了。”

她来到第一视频的直播车上看了我们的直播情况，非常满意，当下就对我说："等到晚会最后的时候，你要代表中国互联网界说几句话。"

于是，在赈灾晚会结束前，我被请上了舞台。我首先代表第一视频向汶川地震灾区捐款100多万元，然后同胡启恒理事长一起举起了那张放大了的支票合影。随后我站在晚会舞台上宣誓："我们全体互联网企业，向我们中国的2.1亿网民，向我们的全中国人民，向我们全世界人民宣誓，我们会忠实地履行我们作为传媒和企业公民的义务！"台下响起了经久不息的掌声。

第一视频灾区报道小组几乎是连轴转，他们进入允许进入的地区，不间歇地向第一视频北京总部发回视频报道，有一些场面看得我眼泪直流。都江堰地区的聚源镇中学是重灾区之一，抢救的队伍抢救完毕后将现场喷洒了84消毒液，撤离去汶川接着救灾，我们的报道小组便获准进入中学进行报道。

视频里学校楼体中间的楼梯是完好的，两边的楼体全部粉碎。保存下来的残垣上写着大大的"无所谓"，残垣下还有数不清的孩子的尸骸。四周静悄悄的，天空中不时传来鸟鸣的声音，让人恍惚以为只是周末放假了。孩子们当时该有多害怕，多无助啊！这些视频太揪心了，我想到现场的报道小组的年轻员工，他们能够忍受这样沉重的心情多久？我更担心余震会随时危及他们的安全……

我和王淳每天给他们打一个电话，问下情况后便催促他们快回北京。报道小组却一再抗拒我的命令，他们告诉我，不仅有这样惨烈的报道，还有更多温暖人心的报道发回来，他们再三安慰我并向我保证他们能够照顾好自己的身体和情绪。他们在发给我的短信中这样写道："在这里看着灾民的样子，我们根本无法休息，一边工作一边赈灾。我们还好，为了灾区人民我们坚持！"

的确，他们发回了更多振奋人心的镜头。有可爱可敬的救灾部队战士救灾的平实镜头；有不顾自身危险先疏散学生的小学老师；有受灾的母女俩谢绝救灾小组的捐款，女孩哭着说："妈妈不要收他们的钱，他们挣钱也很不容易，我们能够坚强地活下去！"；还有全国哀悼日人们挥舞着国旗，呼喊着"汶川加油！四川雄起！中国雄起！"……

我为第一视频的这支小分队和在北京坚守岗位、配合工作的队伍感到自豪。他们大部分是"80后"的年轻人，有着同龄人的普遍特质，有自己独特的人生态度，平日里很浮躁很冲动，活得很洒脱，甚至非常自我，我经常会为这些年轻人的蓬勃精神所感动，当然也常常受到他们奇异思维和行动的刺激。在我看来，这一代人在情感上和责任感方面是非常脆弱的，而且缺少耐力和韧性——这些都曾让我头疼不已。

他们此次在赈灾报道中的行为，在带给他们自身心灵触动和情感回归的同时，也带给了我莫大的感动！他们让我看到了这群生机勃勃的年轻人，剥落表面的浮华，走向内敛、甘愿承受与乐于付出的长足进步！我的孩子们长大了！

5月21日，报道小组北京的三名员工返回北京。王淳还有大批同事等候在首都机场门口，当三名员工走出机场时，王淳带着同事团团围住了他们，为他们戴上鲜艳的花环，热情地拥抱在一起。

当他们踏上公司大楼电梯，在打开电梯门的瞬间，一下子愣住了，我带着其余的同事全部站在电梯门口！大家鼓掌迎接他们，我对他们说："英雄们，欢迎归来！"

报道小组里的一名姑娘红着脸悄悄对我说："我们不是英雄。"我拍拍她的肩，朝她微笑。有些赞许不言自明。

平时我总在思考，怎样提高对突发事件的应对能力？怎样领导一支高效的网络媒体队伍？怎样培养年青一代？关于这些问题我在地震救灾报道过程的前方后方一次次沟通和团队协作里得到了答案。第一视频在地震后10分钟内在网络上发布了地震发生的视频短片，点击率瞬间达4万次，不到24小时派出小分队奔赴现场直播报道，以网络视频直播的形式向全球华人传达地震信息，这是直播模式在传播史上的一个里程碑。直到现在，第一视频的直播技术含量在业内仍是响当当的。

由于在抗震义演晚会直播表现优秀，第一视频的热心公益和执行能力都给胡启恒理事长留下了很好的印象，胡理事长决定每一届中国互联网大会直播都由第一视频来承担。这也算是意外之喜，能在大会现场的摄像机摇臂上挂着醒目的第一视频的牌子，这并不是花钱就能够买来的。

我们对于汶川地震的直播报道一下子让大众知道了第一视频联播网，使得第一视频不仅在业内，而且在社会上的知名度也大增。回想从第一视频最初遭遇盈利“瓶颈”逼我寻找创新点，到如今我不仅找到了盈利模式，更把商业创新、技术创新、公益创新三者完美结合起来，互为支撑和补充。欣慰之余，我提醒自己，在互联网时代，一切变化都是迅速的，一个企业如果不能适应其快速变化，最终只有穷途末路的命运。要想在瞬息万变的市场竞争中立于不败之地，我就要带着第一视频继续不断地创新下去。

第五节 首办网络春晚

2011 年一首《生活就是网》的网络歌曲给我留下深刻印象，它非常接地气，歌中唱道：“生活就是网，早也上，晚也上。生活就是网，灌水都在水中央。生活就是网，你也上，我也上。生活就是网，你不上，也得上。”它把信息时代第二时空的生活趋势呈现给大家，以艺术的形式告诉人们，我们正在向“一网天下”变迁。

这首歌出现在 2011 年中国首届网络春晚上，而这场春晚的头场由第一视频举办，其中许多趣闻逸事直到今天还为人津津乐道。这样一台令人回味无穷的网络春晚是如何诞生的？

2010 年中国网络视频行业的发展处在一个硝烟四起的时期，群雄割据，人们都想在网络上实现创新，这一年网络上出现了一股以炒作为主的网络春晚潮。民间的春晚节目往往办得比官方更为“接地气”，但是这种网民自发的活动延续了一段时间后，由于内容只是一味地满足部分网民的低俗需求而引起了官方的注意。

2011 年，政府有关部门召集包括第一视频在内的拥有网络视频播放许可证的正规互联网企业开会讨论，希望这些在政府管理序列内的正规互联网企业能够站出来接棒网络春晚，把网络春晚的内容从低俗化、庸俗化引向正确的方向。最后我们定下的基本思路是表演形式不排除接地气的草根内容，也不排斥采取互联网的新手段，目标是让网络春晚最终成为中央电视台春节联欢晚会的一个重要补充，能够与其交相辉映。

中国互联网首届首场网络春晚就是在这样的社会和互联网行业背景下诞生的。

在北京网管办的带领下，第一视频、新浪、搜狐、腾讯、网易等多个网站同意一起举办网络春晚，计划从小年也就是农历腊月二十三开始每天办一场，一直举办到大年三十晚上，一共七场。那谁先办第一场，场次该如何决定呢？最后通过抽签的方式进行决定，我代表第一视频居然抽到了第一场的签。

当时我心想这回压力可大了。因为首届首场网络春晚的名字叫“风景这边独好”。在全球金融危机的大环境下，中国经济发展在年末开始呈现扭转之势，尤其是互联网行业有着特殊的贡献。于是“风景这边独好”就成了虎年辞旧迎新的“中国首届网络春节联欢晚会”的主题。

北京网管办的领导压力也很大，他们问我有没有这个能力把首场网络春晚办出特色，愿不愿意投入财力、物力把这场春晚办好。因为第一场有一个范例效果，如果第一场的榜样效应起不来，无疑会影响到后面几天网络春晚的展开。

我一回到公司就召集技术部和市场部的骨干开会。

我对大家说：“既然天意让我们办中国网络春晚的首届首场，那我们就要把这件事作为奥运会赞助伙伴任务成功完成后的第二大任务。这又是一次机遇，我们要把品牌建设向深度拓展，展示第一视频的创新能力以及核心优势。央视春晚有强大的影响力，我们必须要做出具有新媒体特点的网络春晚，让人们刮目相看！”

“我们能做到！”大家纷纷点头表示要全力以赴完成这一任务。

虽然北京网管办的领导担心地问我第一视频有没有能力承办首场晚会，但我当时就认为第一视频不仅能完成任务，还要做出品味和格调来！

网络春晚组委会组成了一个班子，其中有春节民俗专家，有经验丰富的央视春晚的导演，他们与各主创人员一起为首届首场网络春晚出谋划策，着重以创新为主导开展工作。

讨论会上，我提出来要坚持两个原则。首先，因为我们是代表中国互联网界的网络春晚，而且是首届、首场，心胸不能狭隘，要多呈现在网络生活中一些老百姓喜闻乐见的形式，比如可以演唱、说相声、出现“网红”，可以将当时的网络红人“芙蓉姐姐”也请到现场，还可以有聊天室、网评等活动。这样既体现了网络特点，又可以做到与央视春晚交相辉映。

其次，首届首场网络春晚不是第一视频自娱自乐，要囊括更多的兄弟网站，可以把网易的论坛，凤凰卫视主持人，新浪、搜狐等兄弟网站的人员和网站内容也加进来。有了这两个原则，我们就可以把这次网络春晚做成中国网络春晚的典范。而我们的基调是在体现民俗的基础上实现雅俗共赏，做出充分体现网络特点的一场晚会。

我的意见引起了一些争议。对第一个原则，没有人反对我们请一些主流演员进行表演，但是有人一听到要请“芙蓉姐姐”来，就觉得“芙蓉姐姐”是民间自然形成的网络红人，让她参加在政府主导下举办的网络春晚不妥当。

我思考之后对大家说，不管怎么样，毕竟网络春晚要体现网络特点，目前在网民心目中最大的网红就是“芙蓉姐姐”，如果在这样一台网络春晚里没有她，网民是不会接受的，这样也失去了网民的代表性。我说：“无论怎样我们都要把她加进来，我不认为有很大的风险。”

针对第二个原则，有人认为在互联网市场上各家互相竞争，第一视频把其他网站都请来是不是在给别人做嫁衣。对于这种说法，我的回答是：“如果我们要做一场有历史意义的网络春晚，就不能唱独角戏。互联网就是要互相联合才能做大。”后来，我终于说服了所有人，定下了这两条原则。

我们请来凤凰卫视的主持人来主持我们的网络春晚，还请来了一些歌坛的大腕、主流演员，同时也请来了网络红人，包括“芙蓉姐姐”、曹云金以及当时在网上很红的“暴走妈妈”。“暴走妈妈”为了给儿子捐肝，每天暴走十多里路，要让自己肝上的脂肪消失，她是正能量的代表。我委托王淳去天津看望她，给她送去了慰问金。我们还把网易的论坛加进来，让新浪、搜狐联合转播，让这场阵容强大的网络春晚实现全网络覆盖。

不得不感谢这场网络春晚的总指挥王淳，她对整场晚会的高度负责精神，感动了所有参与者。

王淳作为第一视频集团执行总裁任首场春晚工作小组组长，其他组员包括第一视频总编、新闻发言人、著名文化学者、总策划以及各界人士。

王淳首先提出这么大的一个活动需要一个总策划，并且这个人不仅要懂网络，还要懂民俗，懂中国传统文化，因为这次网络大拜年是以各地民俗体现中国文化这个层面为基础的。后来，就选中了著名文化学者孟繁佳，他是中国第一代网民，经历了互联网的发展变迁，而且他在电台还连着讲了两年民俗，颇有功底。

老孟不负众望，全力以赴策划了一场别具特色的网络春晚，这其中有许多故事。当时策划小组最先策划的开场第一单元是中国的一扇“门”，寓意打开一年新的大门，开启新纪元，这个概念也很新颖。还设想随着各个时段内容不同，开启一扇又一扇大门，每次开启都会让网民有耳目一新的感觉。

于是，整场网络春晚以当时互联网最流行的“门”串起来，从小年的零点由网友共同启动活动大门之后，就以“某某门”等若干个事件进行串场，但王淳听完这一策划设想后，立马叫停。原因很简单，王淳认为“门”有它的作用，但从互联网思维来看，“门”是传统的意象，隔断了人与人的交往，而互联网就是为人们提供无障碍的沟通平台，因此“门”不符合互联网的特质。再加上当时流行各类与“门”有关的事件多是负面的，与喜庆活动不符。就这样，没有开启的“门”还在图纸上就被关闭了。

王淳是中国互联网中最早开设网络商店的人之一，对互联网有着超前的思维，她认为互联网春晚应该与所有传统的晚会有本质的区别。在她的激发下，孟繁佳马上明白了王淳的意思。他一夜未眠，思考如何按照王淳的提示，设计出一场全新的互联网春晚。如何才能摆脱仅仅是一场晚会的局限呢？

老孟总结说，几乎所有电视晚会都存在一个弊端，观众打开后要么不喜欢就换台，要么跟着电视导播傻看傻乐，无法参与互动。网络有自己的模式，看帖回帖最少还能发个“顶”字，直接 PK 掉不喜欢的帖子，想看多久就看多久，沉下去的内容可以顶上来，看多少时间是随着眼球点击率走，信息量大到能撑死大象，反馈信息瞬间可以到达全球。集合这些元素，怎样创作出一台庆春联欢的网络新模式？老孟说想到这里，“春网”二字在他脑中一闪，他想这是最好的关键词，这是开启了一个新纪元啊！灵感来了，他马上坐起来写新策划案。

老孟第二天一早来找我和王淳。“张总，就叫‘春网开元’！灵感一来收都收不住，一晚上兴奋地睡不着。”他一踏进我屋门就大声说道。

我一听很新颖，王淳也笑了。我说：“你这个策划案有高度，也很实际，突出了网络特点，既包括了网络全天候全时段网民参与、互动的特点，又有传统民俗文化、传统落地晚会做支撑，彰显了我们的优势。这个创意好！希望后面的更精彩。我们一定能把这个新概念传播出去。”

老孟说：“要不是昨天王总一下把‘门’的概念给毙掉，也没有这个全新策划案的诞生。不过，这一夜因为她一句话，让我快白了头。”我和王淳听后都笑了。

这个新颖又富寓意的策划案呈交给上级审核后，得到了北京网管办领导的肯定和好评。他们认为，第一视频策划的“春网开元”把整个庆春联欢贯穿始终，把欢乐祥和的气氛融进中华民族这最大的民俗节日的每一天。这个“春网”的概念可以厘清网民心中对山寨春晚的负面印象，让网民在整场活动中参与进来，互动起来。把几千年的中国传统民俗还原到互联网上，用网络独特的方式来演绎民俗历史，当然这离不开网络一大特点——轻松搞笑，但绝不是恶搞，更不是媚俗。

2010 年 2 月 6 日，农历腊月二十三，遵循网民意愿的中国互联网首届首场春晚大联欢由第一视频拉开了序幕。接下来，新浪、搜狐、百度等七家主流网站接力登场，一直到除夕。中国互联网首届首场春节大联欢“风景这边独好——春网开元”，在万众期待下率先正式亮相。

网络春晚的受众挑剔且充满个性。他们习惯用全球定位系统导航，喜欢用 MP4 听歌看片，崇尚混搭，爱用手机上网，搜搜点点，每天“趴”在网上搜索、观摩、拍砖、指点江山，最重要的是他们受不了重复和没创意。当时中国有数亿网民期待着一场属于自己的春节联欢会，用他们习惯的方式，以他们喜欢的形式，遵循他们的意愿，有他们最喜爱最关心的人，不陈词滥调、不矫揉造作、不形式主义。

在开幕式上，时任中国互联网协会的理事长、中国工程院院士胡启恒，北京网管办主任佟力强等领导一起揭开了中国首届首场网络春晚的序幕。网络春晚历时两小时，在网上赢得一片叫好声。网民评价说首场网络春晚办得太出色，以至于兄弟企业无法再用同样形式去超越，于是他们只能另辟蹊径换不同的形式办，而这七天系列的网络春晚都办得有声有色，第一视频带了个好头。

第一视频被网民公认在此次网络春晚中投入最大，做的网络春晚也最具有标志性。第一视频抓住了网络春晚的契机，被写进了网络春晚的发展史之中。

我认为做这届网络春晚的收获不仅是让我们挣了多少钱，还能彰显企业的社会责任，能将它做到政府和网民都满意，雅俗共赏，这些投入非常值得。而第一视频为了网络春晚开创的多机位网络视频直播技术也取得了国家专利，这个意外的重要收获直到现在还应用在第一视频的直播平台上，使我们在视频网站里名列前茅。最有意义的是首届网络春晚纠正了人们对娱乐发展趋势的误判，也使我从此持续关注互联网娱乐，做出更多的创新探索。

第五章

锻造（2011—2015 年）

第一节　挺进手机游戏业

我坚定地认为第一视频的未来属于手机移动互联网和视频，但在“剩者为王”的策略指导下，从 2008 年开始我一面将第一视频的视频业务“冷藏”，维持基本运转，一面开始着力培养新的利润增长点。

有一个故事对我颇有启发。有人把 6 只蜜蜂和 6 只苍蝇装进一个玻璃瓶中，然后将瓶子平放，让瓶底朝着窗户。结果是苍蝇不停地想在瓶底找到出口，一直到它们力竭倒下，所有的蜜蜂则在不到两分钟之内穿过另一端的瓶颈逃了出去。

这个故事让我明白，如果企业故步自封，在面对市场变化时，仍然按部就班，不敢越雷池一步，就会像苍蝇所坚守的逻辑——认为出口一定在最光亮的瓶底一样，最后的结局只能是衰败和死亡。互联网时代的市场变化迅速，“三个月等于一年”，甚至更快，各种不确定因素已经成为折磨企业的“慢性疾病”。那么如何对付这种“慢性疾病”呢？最好的办法是在市场快速变化之时，赋予事物合理性，学会随机应变，抓住潜在的商机。

美国密歇根大学著名学者卡尔·韦克曾经做过一个实验，

他总结出：实验、坚持不懈、试错、冒险、即兴发挥、迂回前进、混乱和随机应变，所有这些都有助于应对变化。这也说明无形的资本才是真正的资本，在变幻莫测且高度竞争的互联网时代，企业所面临的挑战不是手中握有多少可以烧的资本，而是如何带领公司在变化的市场中随机应变地生存下去。

王淳作为第一视频执行总裁不止一次地提出第一视频的收益不能固守视频广告这个单一来源，她向我提议“第一视频必须要有自己的产品”，既然目前暂时收缩视频业务，那么在手机移动互联网领域，我们的机会在哪里？

经过 2009 年和 2010 年两年的深度调查和思考，我们锁定发展另外两条业务线——手机游戏业务和手机移动彩票销售业务，打造第一视频三大块业务的格局：微视频新闻网站，手机游戏，彩票无纸化销售。这三块业务中，除了微视频新闻网站这一块是守势外，其他两块业务都是第一视频的核心力量主攻的对象。

此时手机游戏业务是处于萌芽中的新兴产业，而我们看到了它背后潜在的巨大市场。

2009 年手机还是功能机的天下，在主流操作系统塞班系统上，受手机屏幕、色彩、标准，以及内核速度的限制，只能玩一些简单的小游戏。我们对市场前景进行判断后，觉得手机游戏作为手机上重要的消耗碎片化时间的产业模式会得到特殊用户群的青睐，成为手机平台上第一个应用，并且可以让以通信为主要功能的手机变成人们不可缺少的东西，就像是身体的一部分器官一样，并且手机游戏也容易变现。我认为这可能就是我们要像蜜蜂一样快速找到的一个瓶口。

基于这个判断，我们果断调整了产业布局方向，转向手机游戏领域的发展。2009 年，第一视频布局手机游戏业务，用股票加现金的形式相继收购汇友数码、广州盈正及香港一高三家公司，组建为中手游 。

刚组建中手游不久，我对负责人说："你们要做的就是和世界上顶级的游戏平台进行合作，跟手机生产商合作，要卡位布局。"中手游创业团队将这一战略执行得不错。

当时有一款风靡全球的游戏叫作《愤怒的小鸟》，于是紧接着，中手游又和《愤怒的小鸟》外方达成了合作，成为其中国代理商，开发《愤怒的小鸟》中文版。

2010 年我到上海跟芬兰的外交部长和《愤怒的小鸟》的高层为《愤怒的小鸟》办事处揭幕。我在揭幕式上说道："'愤怒的小鸟'来自一个北欧的国家，创造了一个大的奇迹，这个奇迹将长远地影响手机游戏产品，以及全人类的文化产业。我们第一视频手机游戏平台跟《愤怒的小鸟》的平台结合，是一件非常有意义的事情。"芬兰的外交部长之后跟我说："你讲得非常好，我们是一个小国创造了大奇迹。"这个大小对比给他们留下了深刻的印象。与《愤怒的小鸟》相比，当时的中手游知名度和体量远不及前者，这个合作把第一视频手游板块提升到了一个行业领军的地位。

中手游于 2011 年 1 月正式挂牌成立。中手游的执行董事局由经验丰富的企业家和资本家组成：我出任董事局主席；首席执行官肖健是汇友数码的创始人，在中国手机游戏行业拥有逾 10 年的经验；董事局副主席冼汉迪作为原第一视频集团 CFO（首席财务官），是资深投行家，具有丰富的企业融资及收购合并经验；董事局副主席王永超作为广州盈正的创始人，在中国手机游戏行业拥有逾 15 年的行业经验；CFO 张飞虎同样在资本领域拥有丰富经验，是资深的分析师和基金经理人。这些精英构成了中手游的创始团队。

2012 年 5 月，作为中手游多年的合作伙伴，全球最大的手机芯片设计厂商之一、中国台湾股王联发科（MTK）向中手游投资 1 200 万美元，成为中手游的战略股东，其企业代表顾大为和谭昌文也因而在中手游董事局占得两席位置。

从商业层面上看，收购并组建中手游使第一视频找到了新的盈利模式。在我看来，中手游成功的精髓在于中国的商道。

举一个古人的例子来说明。东汉时期，社会动乱不安，刘备家境贫寒，靠卖草鞋为生。但他不安于现状，通过努力争取到了富商的帮助。有了资金，他招募了义兵，组织了一支武装队伍，决定干一番大事业。在招募的义兵里面，就有关羽和张飞。

张飞和刘备一样，都是涿郡（今河北省涿州市）人，他有一身好武艺，好见义勇为。而关羽是河东解良（今山西省运城）

人，因年轻时爱打抱不平，常常惹祸上身，他一路逃到了涿郡，结识了志同道合的张飞。

张、关二人武艺高强，很有才干，很快便从刘备所招募的义兵中脱颖而出。加上二人豪气冲天，使刘备对他们顿生好感，便和他们在自家桃园里结义，立志干一番大事业，这就是人们常说的“桃园三结义”。

此后，他们招兵买马、不断扩充自己的实力。因在镇压黄巾起义中表现不凡，东汉朝廷指派刘备做了县尉。后来，几经周折，赵云又加入了他们之中，更增加了刘备的实力。刘备、张飞、关羽、赵云四人情同手足，为以后蜀汉王朝的建立打下了坚实的基础。

这个故事说明寻找志同道合的人才能干成一番事业。

所以，我决定跨界进入游戏领域，一方面是为了寻找盈利点让股东满意；另一方面是为了寻找到志同道合的人共同做大企业。

第一视频收购的三家公司在当时都是手机游戏行业名列前茅的优秀公司，都有非常好的发展前景。当时3G游游网（3GUU）在非智能手机游戏行业很有名气，第一视频进行收购时，该公司已经在三年内完成了3 000万的盈利。为什么3G游游网同意这项收购？当我跟3G游游网的团队成员洽谈时才知道，原来这些年轻人有一个梦想目的地，那就是诞生了很多互联网神话的美国纳斯达克，他们希望有朝一日能够去美国纳斯达克上市。我告诉他们："我一定帮你们实现纳斯达克上市梦。"

3G 游游网并入第一视频体系后就好比奔驰开上了快车道。然而此时的中手游离实现到美国纳斯达克上市之梦还有距离，而中手游在组建后马上遇到了新的挑战。

中手游在 2010 年遇到的最大困难就是，市场环境正在悄然发生变化，一度靠非智能手机盈利的市场面临着被智能手机替代的危机，而且这个趋势是不可逆转的。就是说中手游面临着业务方向的新选择，怎么选？当时管理层之间对此产生了分歧。

要马上让中手游从正在盈利的非智能机游戏转向智能机游戏的开发，一些管理层人员想不通。但是，我已经从互联网快速发展的形势中看到了这一点。2010 年是非智能机正式向智能机转换的时期，诺基亚的地位快速地坠落，以三星、苹果为代表的智能手机的地位正在上升。但是中手游重要的产品和业务收入还是来自非智能机游戏。那时在中手游内部存在着一种惯性思维，为了能让大家认识到智能机的天下正在临近，我给大家讲了韩国三星挑战苹果的故事。

随着互联网时代的发展，无论是达官显贵、社会精英，还是普通百姓，一款时尚的智能手机恐怕是他们的共同装备和爱好。而在智能手机领域，正是苹果的 iPhone 颠覆了人们对手机的认知，在 iPhone 问世之前，手机界可谓百花齐放，直板、翻盖、滑盖几种样式平分天下，但随着苹果 iPhone 系列的推出，一时间，直板式的智能手机遍布了全球，如果你现在手里拿个翻盖或是滑盖手机，就会感觉自己似乎走错了时代。iPhone 不只是一个手机品牌的名字，更是成为一种符号，一种象征。苹果的横空出世不仅成就了其在智能手机领域的霸主地位，也使其一度成为全球市值最大的公司。

然而，在智能手机市场中，无论在外观，还是性能方面能够向苹果 iPhone 发起挑战的当数三星的 Galaxy Note 系列了，这款 5.3 英寸超大屏幕的跨界产品模糊了平板电脑与智能手机之间的界限，成功地将“平板手机”的概念植入了人们的脑海中。同时，数据显示，三星在存储器和显示屏领域的市场占有率为全球第一，电视业务也已经连续 5 年保持了全球销量冠军，而三星的手机业务更是在后来顺利地从诺基亚手中夺取了世界第一手机厂商的宝座，并成功超越苹果，成为全球第一的智能手机厂商。为什么三星能够与苹果抗衡呢？

首先，与苹果一样有一个具有敏锐商业头脑的睿智的领军人物是三星成功的首要原因。苹果的成功离不开乔布斯，正是乔布斯凭借其敏锐的商业嗅觉和过人的智慧，勇于变革，不断创新，引领了全球资讯科技和电子产品的潮流，才使得苹果风靡全球。对于三星来说，三星集团董事长李健熙虽然没有像乔布斯那样被大众所熟知，但他对三星的崛起同样功不可没。早期的三星也曾被业界看成一家“山寨”企业，由于一味模仿别人的技术，其产品甚至一度成为“地摊货”的代名词，在国际市场上属于被嘲笑的对象。李健熙出任三星集团董事长后，先后提出了“二次创业”、“新经营运动”以及“数码融合战略”等理念，制定了新的品牌战略，将原来的经营核心从大规模制造转向自主品牌的生产，并且以数字技术作为突破口，打造属于自己的高端品牌，从而使三星展现出高品质、高价值、时尚潮流的新形象。

其次，对市场敏锐的观察力是三星成功的秘诀。如果说苹果是技术上的天才设计师，那么三星则是一个绝顶聪明的商人。三星在智能手机行业很难称得上是技术潮流的引领者，但三星凭借其对市场精准的判断，及时加入潮流，获取商机，从而成为行业的佼佼者。当苹果刚刚推出 iPhone 的时候，很少有人会相信 iPhone 会取得如此巨大的成功，也并不是所有人都能够清晰地预见智能手机未来的发展趋势。当时的手机业霸主诺基亚就认为 iPhone 不值一提。但当时刚刚超越摩托罗拉，成为世界手机第二大供应商的三星则果断地以 iPhone 为模板，投入智能手机的开发和生产中去。三星从当苹果的“打工仔”做起，为苹果生产 iPad、iPhone 上的 LED 屏幕和处理器芯片，到推出自己的 Galaxy 系列手机，并开始在市场上逐渐赶超苹果，成为智能手机市场上的又一霸主。

最后，打造全产业链是三星成为行业领军者的基石。与其他消费电子厂商相比，三星拥有的优势在于核心零部件的设计和生产能力。据统计，iPhone 有 32%的零部件是由三星提供，其中就包括处理器、DRAM 闪存以及一部分显示屏。在全球众多的消费电子企业中，只有三星拥有完全独立的垂直整合王国，众多关键零组件，从液晶面板，到中央处理器流片，再到存储芯片，都能自给自足，这使得三星的垂直整合更能产生规模效应和效率。在与苹果之间剪不断理还乱的关系中，三星在关键零部件方面的设计和生产能力也对苹果形成了牵制。因为三星的全面布局，苹果既是三星的客户又是三星的竞争对手。他们在这里由竞争变成了竞合，在这样一个产业竞合中，三星肯定会找出对自己最有利的竞合策略。而三星的芯片、面板等产品肯定要优先保证三星终端产品的使用。因此，苹果也只能寻找新的芯片和面板供应商。

总之，那些当初在消费电子行业声名显赫的索尼、诺基亚、摩托罗拉等大牌的光环逐渐褪色后，能与行业的后起之秀苹果进行竞争的三星当仁不让。我希望中手游的同仁们能从这场没有硝烟的战争中感受到强烈的危机，认真领悟这些成功的经验，把握市场“潜利”。

最终中手游决定停止对非智能机游戏的开发，把开发人员和资金转向对智能机游戏的研发。

到了2012年，国内游戏行业的局面就不乐观了。传统非智能机游戏业务已呈下滑趋势，但业内仍然竞争惨烈；在经营方向上，同行普遍仍在游戏研发或发行二选一的泥沼中挣扎。

中手游此时早已转变航行的方向，以破釜沉舟之势全面转型做智能机游戏；在同行仍在选择经营研发或发行业务模式的时候，中手游大胆制定了“自研 + 发行”双线发展的战略。

中手游风雨兼程，在“自研 + 发行”双线发展战略的指导下，成立了公司最早的两大手游发行团队——豆玩和极智，负责公司自研游戏《快乐棋牌》的发行和第三方网游的联运业务。虽然是在未知中摸黑探索，但《快乐棋牌》很快便取得了月流水破千万元，峰值破 5 000 万元的佳绩，让中手游取得了从非智能机到智能机游戏业务转型的第一场胜利。

企业家要有一双善于发现市场“潜利”的眼睛，那么什么是“潜利”？所谓“潜利”，就是指市场“新蓝海”，因为市场“新蓝海”总是潜伏在人们看不到的地方，如果企业家没有发现和预测“潜利”的能力，企业的危境就会不期而至，那时企业陷入困境再转型难度将会非常大。

在发现市场的“潜利”方面，我很佩服日本索尼公司的盛田昭夫，他凭借自身惊人的预见力，曾经创造出索尼公司的辉煌局面。

日本索尼公司的第一件产品是 1955 年生产出来的晶体管收音机。尽管晶体管是美国“贝尔实验室”第一个发明出来的，又是美国“西部电子公司”第一个生产出来的，但美国人看不出这玩意儿有多大的用途，所以根本就没有厂家问津。然而，盛田昭夫却以独到的眼光说服了日本政府的科技部门，从父亲那里借来了在当时如同天文数字般的 2 万美元购买晶体管技术。直到盛田昭夫把晶体管技术买到手之后，日本国内仍没有理解晶体管的意义，族人觉得盛田昭夫简直是他们家族中的败家子！然而，当索尼公司1957年推出的便携式收音机风靡全球后，日本和美国的众商家才恍然大悟，但市场已经被索尼抢占了。继收音机之后，索尼公司先后推出了许多“第一”：第一台8英寸电视机、第一台录音机……索尼的技术和产品以及市场使“日本制造”的含义发生了根本性的变化。“日本制造”意味着好产品、好质量、好服务，把“日本制造”的产品从廉价的形象提升到了“高质量”的地位。

索尼真正地向全球化发展始于1963年盛田昭夫举家搬迁到美国之时。正是因为这次举家搬迁，盛田昭夫才有机会了解美国人，了解美国人的市场，了解他们的消费习惯和各种规定。把公司的业务发展到海外，走向全球对当时的日本商人来说确确实实需要非凡的勇气和超前意识。如果没有这种胆识，盛田昭夫是不可能成功的，也就不会有今天的索尼。盛田昭夫把索尼公司的办公地点设在纽约第五大道一套宽敞的公寓里。每个星期，他都要举办许多社交活动和晚会，为索尼公司建立一个稳定且有价值的顾客网络。盛田昭夫一生都保留了这个习惯。因此，发现市场的“潜利”，关键是要有新的思维方式，互联网时代就要用互联网大思维去看待市场“潜利”，在互联网大思维下去思考企业的下一个盈利点，从而掌控主动权，率先抢占先机。

2010年，中手游年营收达到1.25亿元人民币，净利润为

4 071.3 万元人民币；2011 年在手机游戏市场占有 18.7%的份额，总营收达到 2.44 亿元人民币，净利润为 1.63 亿元人民币，利润率超过 60%。事实证明，我对互联网行业的潜在市场的判断非常准确，手机游戏行业的确有着巨大的市场。

第二节　纳斯达克，中手游来了

中手游从非智能机游戏开发转向智能机游戏开发的过程中，我始终记得自己对中手游创业团队的上市承诺，我们也做好了到美国纳斯达克上市的前期工作。

俗话说天有不测风云，资本市场的风云变幻更是波诡云谲。从 2000 年开始，大量 IT 领域的民营企业成功在国内外资本市场上市，一大批风险投资基金相继成立，不过，这种狂飙突进式的成长并未持续太久。2010 年后，中概股遭到海外做空机构“围剿”，中国创业公司的 VIE（Variable Interest Entities，可变利益实体，在国内也称“协议控制”）架构也饱受美国资本市场质疑。VIE 模式，是指境外注册的上市实体与境内的业务运营实体相分离，境外的上市实体通过协议的方式控制境内的业务实体，业务实体就是上市实体的 VIE。

2012 年，成为中概股市最冷的一年，很少有中国企业去美国上市，因为市盈率不高，也就是资本的回报不高，所以融资成功的可能性不大，同时还可能被做空机构做空，找上许多麻烦，然而中手游已经提交了上市申请去纳斯达克挂牌，中概股的遇冷给中手游上市之路蒙上了迷雾。

我需要做出近乎赌注的决定：2012 年中手游去不去纳斯达克？要不要等到 2013 年再去？

这时中手游团队负责人来到我面前汇报工作进展。我听后觉得这件事必须果断决定，如果再等一年，投行的准备工作、财务的准备工作，我们所有的准备工作就都得延后一年，很大一部分工作都要重新来做。我便对他们说："即使中概股遇冷，我们也要做 2012 年挂牌上市的准备。"

这不仅是因为中手游已经为挂牌做足了准备，也是因为美国证监会对中概股上市审批的态度存在变数。美国的资本市场向来是宽进严出，监管严格，我自忖中手游应该达到了上市的各项要求，相对其余的中概股申请企业来说更容易实现上市。我决定还是力争在 2012 年上市，同时布置了几件重要任务，其中包括把这个板块从第一视频拆分出去，中手游上市之后再赠送给第一视频集团全体股东一些股份，这样保证小股东也能够在我们的发展中受益。

初定的挂牌上市日期是 9 月 25 日，如果成功，中手游将成为首家重返美国纳斯达克上市的中概股，这将是一次破冰之旅。

然而中手游上市之路似乎充满了坎坷，此时我又需要做第二个近乎赌博的决定。中手游上市的承销商瑞银和瑞信告诉我，路演后股票没人买，如果现在上市，股票卖不出去，就没有办法做公开发行，没有办法集资。

没有办法公开发行，无法集资，这是个严重的问题。不过不发行新股怎么办？这时我和冼汉迪在北京的办公室里一筹莫展，“不集资也要上市，”我自言自语道，“那是介绍上市，中国大陆还没有人试过，咱们要去吃螃蟹吗？”冼汉迪道：“哦！那我要好好琢磨一下！”显然，介绍上市也是一条可以考虑的出路。所谓介绍上市与首次公开募股在本质上区别不大，就是不集资，但目标是要获得上市公司的资格，在整体审批过程中，完全是按照正常首次公开募股上市的流程操作。但是并不是所有的公司想介绍上市都能够成功的，必须要满足三个要求。第一个硬要求是母公司必须是上市公司。介绍上市的前提条件是，虽然没有首次公开募股但是必须有一批股东，让股票流通，所以我们把中手游的股票直接送给第一视频的股东。第二个要求是公司必须具备盈利能力，在不融资的情况下还能运行得很好，不可只用概念占领市场、后续不停烧钱，否则下场只能是退市。中手游本身是一家盈利良好的公司。第三个要求是公司发展前景比较好，中国手机游戏市场规模在 2015 年达到了 120 亿元。中手游具备了这三个条件。

此时，如果不通过介绍上市这种方式迅速上市，而是再继续等下去，潜在的弊端是，可能会有国内同样类型的几家企业也要上市，这样我们就没有先发优势。然而介绍上市以后，如果一直没人给你集资，也有风险。

我思考后决定要坚持上市，要成为中国第一家介绍上市的中概股。我跟团队成员说："你们实现纳斯达克梦的过程有点坎坷。天时不对，地利应该说也不太好，到美国上市还不能集资。现在只剩下人和了，咱们可以先上市，拿到上市资格，然后再一起努力集资，唯一需要你们做的就是保持业绩漂亮，这样才有可能集资成功。你们有没有信心？"

"主席，我们有信心和决心！"团队成员齐声说。

"太好了！我们的意见一致。不集资，也要上市，介绍上市必须去！"接下来我阐述了在这一时机介绍上市的战略意义。

首先，2012年中国的手机游戏业已经出现了很多竞争对手，新的公司发展很快，如果中手游不上市，很难成为品牌上的领军企业。其次，如果上市成功，中手游就成为中国第一支在美国登陆的手机游戏股，这对今后争取资本的支持非常有利。最后，按照上市公司的标准来管理和运营企业，会使企业的管理水平大幅度地提高，能够增强中手游的竞争能力，使管理层和员工有更好的激励机制，也更容易吸引行业优秀人才。

中手游最初是奔着首次公开募股去的，美国证监会也一直在按照首次公开募股的标准对中手游进行漫长的审查。现在要介绍上市了，不卖股票了，他们又要重新按照介绍上市的要求做认证。

这时，我们的上市理念也发生了变化，在市场时机并不成熟的情况下，中手游的首要目的并不是去资本市场融资，而是要在海外市场打造“中国手游第一概念股”的形象。

这一决策，一定要既对中手游集团有利，也对第一视频集团有利，必须是个两全的决策。如果我们将概念股炒起来，对品牌推广会有好处，也可以借势而上，提高中手游品牌的知名度。中手游上市之后，企业可以实现三个“最大化”：企业和业务价值最大化，企业管理团队的业绩价值最大化，企业管理及透明度最大化。

决定走介绍上市这条路之后，我们先在北京召开了新闻发布会，向媒体解释介绍上市是我们在权衡美国资本市场环境之后，在特殊情况下做出的一种现实的选择。这种模式并不是我们独创的，2011 年我国香港就有多家公司采用“介绍”的方式上市，但是我国内地公司赴美上市，第一视频是第一个“吃螃蟹”的！

发布会过后我赶到香港，准备跟香港的团队会合去美国。刚到香港就有人告诉我又出了新问题，由于美国证监会对中国企业的不信任，还没确定最终是否批准中手游介绍上市。整个团队当即傻眼了，发布会都召开了，我也出发了，到香港中转，竟然得到这样的消息。

“如果美国证监会真的不批准怎么办？”负责上市的同事焦急地问。

我沉思后说："我有信心一定会成功，我们就在香港地区召开发布会。"

我计划好了接下来的工作，一方面准备在香港地区召开新闻发布会，公开说明情况。另一方面跟美国证监会联系，把困难克服掉，争取如期挂牌。

这件事来得太突然，让我心理受到了冲击。但晚上吃饭的时候我仍然告诉大家不要放弃，我们能够成功。我觉得我们的工作做得确实到位，不好好地试一次太可惜。

第二天早晨5点我起床时得到了一个好消息。我被告知美国证监会已经通知中手游可以去纽约挂牌！很快，我们一行人就按计划从香港地区启程赶往美国。

美国纳斯达克的工作人员对我说："你很勇敢，现在没有中概股来上市的。"

我回答道："我上市你必须给我挂五星红旗。"当时我担心他们会不答应。因为挂国旗虽然在纽约交易所不是什么新鲜事，但在纳斯达克还从来没有过。纳斯达克所处的地理位置很特殊，但我认为，既然在中概股遇冷的时候去上市，我们就不仅代表中手游，还代表中概股，我坚持必须要挂，不然我们就不去了。

由于我的坚持，美国纳斯达克同意了挂五星红旗。

上市那一天，在我致辞后，纳斯达克和几个交易所的大屏幕上都出现了五星红旗，我的头像随后也出现在大屏幕上。举行仪式时，CNN（美国有线电视新闻网）做了短暂的直播。最后，当我看见纽约时代广场的大屏幕上出现鲜艳夺目的五星红旗的那一瞬间，所有上市的波折辛苦烟消云散，我激动得流下了热泪。

对我而言，第一视频借壳上市给我留下了一个遗憾——我并没有敲过钟。我有上市的喜悦，也有上市带来的发展机遇，但那一次上市在我心里种下了一个想敲钟的念想。有趣的是，虽然这一次中手游上市弥补了我上一次未敲钟的遗憾，但是介绍上市没有首次公开募股，也没有集资，这也留下了缺憾。但我乐观地想，正是一个又一个不完美，在推着我往前走。

我没想到的是，“介绍上市”之后又起波澜。

上市之后第一天的交易量是零，要知道美国的早晨是我们的晚上。那时大家在想，既然上市了，怎么会零成交？这时有些人误以为中手游上市的股票是既没有人买也没有人卖。媒体喜欢抢新闻，中手游在美国纳斯达克上市，出现了零成交，这是多么大的爆料！不管原委，先炒起来让大家看热闹。

此时我却特别冷静。我知道零成交不符合上市规律，一定是出现了什么问题。我们一边沉着应对媒体的采访，一边快速派人去纳斯达克查一下原因。纳斯达克股市方面的工作人员回应说：“我们这边没有问题，一切都是按照上市惯例做的，但确实没有股票交易。因为中手游是介绍上市，没有公开发行股票，你们公开发行的股票是在你们第一视频原股东手里，这些人才是持有中手游股票的人。他们如果拿中手游股票到市场交易，我们就会有记录，但现在的确是没有成交的，请赶紧查查你们的股东有没有拿到股票。”

我听后马上明白了，是时间差的原因。我们派发的股票按照北京时间来说已经派发完毕了，但是美国的时间晚一天，所以就没有成交，这也是介绍上市的特点，因此造成了没成交的误会。找到原因后我们就着手确认在下一个交易日能否有股东拿到股票。

我又做了两件事情：第一，将为什么首日无成交的原因公开解释清楚。第二，跟踪确保我们的股票派发到每一位第一视频股东手里。

与此同时，我们还要消除负面影响。在中手游挂牌之前，媒体都报道在中概股遇冷这个时候到美国纳斯达克上市是一个创举，“中手游到纳斯达克上市开启了破冰之旅”。现在上市后股票没成交，媒体的报道都转成负面的了。

所以零成交的消息传开后，我先发了一条微博：中概股到美国上市，已经是很不容易，我们中国自己的媒体就不要再拆台了。我在纳斯达克市场给李开复发了这条微博，后来他也转发了。最后我们把“零成交”的原因找出来后，在第二个交易日，自动溢价系统中的价格达到15美元。到这时，整个介绍上市的过程才算圆满完成。

回到北京后，虽然团队还沉浸在上市的喜悦里，但中手游正处在智能机游戏和非智能机游戏的转型之际，转型以后会不会影响我们的业绩，会不会影响我们的集资，都是摆在我们面前的挑战。

因此我们趁着上市的东风，首先对管理团队进行优化提升。由于我们有前瞻性的布局和安排平稳地实现了转化，中手游上市以后稳步发展，成为中国手机游戏的最大平台之一。在这个基础上，我们又获得了中国主权投资基金的信赖，中国投资公司和中国社保基金都入股了中手游，连巴克莱银行也来入股了。到了 2013 年，中手游完成了将近 10 亿人民币的融资。用媒体的话讲，我们给中手游的上市画上了圆满的句号。实际上我用了将近一年半的时间通过上市审批，介绍上市，挂牌集资转型，到 2012 年底中手游就已经集资到 1.32 亿美元。

中手游就这样走过了从第一视频的运营板块，到独立成为中国首家在纳斯达克上市的手机游戏概念股的完美历程。我也因此被媒体誉为中国“赴美介绍上市第一人”。

从第一视频“借壳上市”到中手游“介绍上市”，虽然都已经上市成功，媒体也把我说成是“资本高手”，但是我只是在用互联网时代的大思维方式，把每一个障碍都看成是一个已知条件。只要下决心去克服，任何一个障碍都会成为一个超越自我的契机，而企业要想快速发展，只有不断突破瓶颈，才能向更高层次跃进。

有一个神话故事就很能说明这个道理。

一天，被称为森林之王的狮子，来到天神的面前，它对天神说：“我很感谢天神赐给我雄壮威武的身体和大力士一般的力气，让我统治整座森林。”天神听后，笑了笑说：“狮子，你今天来找我就是为了说这些？恐怕还有别的让你烦恼的事情吧！”

狮子对着天神轻轻吼一声说：“看来，只有天神你了解我啊！我今天来找你的确有一事相求。尽管我在整座森林很有威严，可是我每天早上总是被鸡叫声给惊醒。天神啊，请你赐予我一个力量，让我今后不再被鸡叫声惊醒好吗？”天神听后又笑着说：“狮子，你去找一下大象，它会给你一个满意的答复的。”狮子点点头，然后掉头去森林里找大象，这时，它忽然听到大象在跺脚，便问它：“大象，你为什么事生这么大的气，气得你一直跺脚？”

大象见是狮子问它，便拼命地摇动着大耳朵回答：“有一只讨厌的小蚊子，总是钻进我的耳朵，让我奇痒难耐，快把我折腾死了。”狮子听后，心里想：天神不回答我的问题，让我来找大象，原来是想让我看到大象遇到的情况，让我明白谁都会遇到困难和麻烦事，天神无法解决所有问题。既然如此，遇到问题只能靠自己解决。狮子对自己说：“以后再听到鸡叫声，我应该改变心态，不是被惊醒，而是看作鸡在提醒我到了该起床的时候了。”狮子换了一种思维方式对待问题，马上就不烦恼了，反而把鸡叫当成了它的“起床号”，这样雄鸡就成了它事业上的战友。

这个故事说明，在市场机制下，不论你曾经多么顺利，都会遇到障碍，怨天尤人没有用。实际上老天是公平的，就像它对狮子和大象一样，每个困境都有其存在的正面意义。企业要想在市场竞争中获胜，就必须换一种思维方式去看待竞争，而竞合是竞争的最高境界，就像孙武说的“不战而屈人之兵”，当狮子和雄鸡合作的时候，就产生了一种新的力量。竞合就是赐予。

2014 年被称为手游行业的“版权元年”，与版权相关的游戏在吸量与营销方面比普通游戏具有显著的优势。早在 2013 年底，中手游便全力布局版权储备，逐渐将发展策略修改为“自研 + 发行 + 版权”。《火影忍者》《航海王》《龙珠 Z》《北斗神拳》《聪明的一休》《HELLO KITTY》《喜羊羊与灰太狼》《步步惊心》《择天记》《侍魂》《新仙剑奇侠传》《少林伏魔录》《星球大战：指挥官》……这些广为人知的名字，均出现在中手游合作版权的名单中，几乎覆盖了顶级动漫、游戏、小说、影视等泛娱乐领域。

中手游的版权合作伙伴多达 20 家，同其中任何一家公司达成版权合作都可能是业界每个手游公司的愿望。在美国方面，中手游成了华纳兄弟亚洲子公司 Inplay Interactive 的战略股东，该公司专注于研发与发行以华纳兄弟旗下的版权改编而成的手游。通过与迪士尼的版权合作，中手游得以发行《喜羊羊快跑》《星球大战：指挥官》等游戏；在日本方面，中手游与知名的版权方东京映画、集英社、GREE、日本光荣、SNK 等均保持着密切而可持续的版权合作；在中国方面，中手游与腾讯文学、大宇等版权方携手孕育了《择天记》《新仙剑奇侠传》等广受欢迎的手机游戏。此外，中手游还与嵩山少林寺全资公司少林无形资产管理有限公司签订了合作协议，使用少林品牌研发了《少林伏魔录》，以全新的方式为传统文化的传播贡献力量。

中手游不是盲目的“土豪”，在选择要合作的产品和版权时，不仅进行了专业的判断，更兼顾了游戏玩家的情怀，意在唤醒他们的美好记忆。在版权方面的合作，特别是在日本的版权方面，通常都需要经过很长时间的沟通和谈判才能获得版权方的信任。当得知能将许多儿时或学生时代就已着迷的动漫和经典游戏开发成新的手游时，参与项目的员工都兴奋得睡不着觉。中手游出色的战略决策和执行力，不仅满足了玩家的情怀，更让旗下员工惊叹：“能做自己喜欢的事情的确是一件最幸福的事！”

除了积极寻求与知名版权方的合作，中手游更致力于打造原创版权。中手游与上海银河数娱共同合作制作的原创版权《无间狱》就是其中的一个。《无间狱》游戏获得2014年Unity3D大赛视觉金奖，是中手游2015年发行的重点游戏之一。

在第一视频集团旗下，中手游在中概股遇冷的资本市场环境下创造了一个传奇，并在上市后做出了令人刮目相看的成绩，这再次验证了我们的选择，“剩者为王”最终是为了能够“胜者为王”。

第三节　彩票登上互联网

2010年，第19届世界杯足球赛决赛举办权花落南非。6月11日，为期一月的比赛拉开帷幕，每场赛事的结果都牵动着全世界球迷的心。

一到比赛季，我便习惯在夜晚冲一杯咖啡，坐在电视机前看比赛。球场上队员们的激烈争夺让我仿佛置身其中。这一届赛事中，梅西、卡卡、C罗这三大天王级球员在南非只踢进了一个球，不过西班牙球员“小白”伊涅斯塔却如黑马般闪耀。

“进球了！漂亮！”我激动地大喊一声，从沙发上站了起来。决赛第116分钟，伊涅斯塔在禁区内接到队友传球后，一个漂亮的抽射得分，打进了他职业生涯中最重要的一个球，在他脱去球衣狂奔的背影里，西班牙首夺世界杯，他也成为足以载入西班牙足球历史的英雄。

王淳听到我的叫声，赶忙跑出来看我出了什么事。看到我站在电视机前手舞足蹈的样子，她哑然失笑。

“看你平时挺稳重的，一看球赛也疯魔了！”她笑着说，“早点睡，明天还要上班呢！”

“是今天还要上班呢，你快去睡吧。”我一看墙上的钟表，赶紧把她赶回里屋休息。我心里有点内疚，这一个月里她白天已经进行超长时间高强度的工作，回来还被我打扰得休息不好。

回过神来，我觉得这小小的球真有魔力，明明人家踢足球跟我没有一点关系，但为什么我就被这一个小球弄得心情跌宕起伏，一会儿为进球欢呼，一会儿为失球痛惜？是人性。人不是吃饱喝足就幸福的动物，人性中有对激情、胜利和美的渴求。

不过我发现比起看足球的人更执着的是买足彩的人，买了一次，没有得奖，还想买第二次。只要进入任何一间卖足彩的小屋，不夸张地讲，你会发现全屋人的眼睛都在放光。某某人中了大奖！那种对财富的渴望和兴奋弥漫着整个屋子。

球迷的激情和足彩迷的执着让我意识到足彩这个产业值得关注，用户基数大，非理性也意味着用户黏性高。只是去店里买足彩对我这样忙碌的人来说不太便利，一个创意在我脑中闪现。为什么不做一个让人足不出户，就能把足彩瘾过足的服务？

我想到了把彩票与互联网结合起来。经过调查，我发现我国的彩票业务发展得很好，买彩票的人越来越多，但采用互联网模式的无纸化销售一直进展缓慢。这就是机遇——第一视频可以进军彩票行业，创办彩民数字平台，这一平台要从台式互联网终端跨越到移动互联网终端。

2010年12月，第一视频集团斥资1亿元收购中国足彩网、彩富网后，联合“彩视界”共同组成国内最全面的数字彩票资讯平台——“第一彩”，并聘请中国著名体育评论员黄健翔担任“第一彩”的首席营销官。这是国内彩种最全的数字彩票资讯平台，它有最全数字彩种，包括双色球、3D、江苏快3、七乐彩、11选5、大乐透等全部主流数字彩票。同时，还拥有最强的专家团队，汇集许多预测命中率超高、全国知名的数字彩票专家，免费提供数字走势分析及号码预测等服务。并且还提供最全面最准确的走势及遗漏数据图表统计，第一时间对偏态号码及热点走势进行标注提点。很快，“第一彩”就成为我国领先的数字彩票信息平台。

同时，我们的彩票业务又快速闯进了移动互联网领域。我们快速开发了手机客户端“彩票365”。

2012年6月，“彩票365”手机客户端正式在中国电信“天翼空间”首发。[①] 2014年11月，“彩票365”下载量突破1亿大关。[②]

不久，“彩票365”成为中国最大的移动互联网彩票客户端、中国移动互联网彩票行业领头羊，是国内下载量最高、活跃用户数最多、苹果和安卓等各大应用市场排名第一的手机彩票应用。它提供全国最新的彩票开奖信息，第一时间推送开奖号码。网民还可以通过它进行微博互动，由此形成了全国最大的彩民

① 《世界杯场外博弈 彩票365成最大赢家》，中国日报网，http://www.chinadaily.com.cn/typd/2014-07/02/content_17638471.htm.

② 《移动彩票行业迎来井喷 彩票365用户过亿感恩回馈》，科学中国，http://science.china.com.cn/2014-12/05/content_34236994.htm.

微博社区。它的另一特色是与中国体彩中心竞猜同步，实时进行比分直播与进球提醒。甚至还与理财挂钩，成立了国内首款彩票理财货币基金产品，采取正常基金收益配送“等额彩票奖励”的双收益模式。

公开数据显示，2014 年，中国移动互联网彩票规模已经达到 115 亿元，环比增长速度 164.4%。而移动客户端彩票销售规模达到 89.3 亿元，“彩票 365”稳居第一。世界杯期间的竞彩销量约占 2013 年全年彩票销量的 50%，尤其是移动端购彩呈“井喷”态势增长，其中“彩票 365”的数据最为亮眼。世界杯期间“彩票 365”单日最高销售量增长 6 倍，月购彩用户数增加至 120 万人次。在世界杯期间，“彩票 365”的用户仅在半个月内便诞生两个 500 万大奖得主，双色球返奖率更是高达 121%。

彩票是公益事业，也是一个大的产业，但使彩票与互联网结合的，第一视频是第一家。彩票业务与互联网融合创新了营销模式，如果仅仅是把线下的模式搬到线上，这不是创新，创新是给人一种新的体验。第一视频进入彩票行业进行创新，应用的正是互联网的长尾理论。

在传统的经营方式中，提供经济效益的最好方式是“规模经济”，扩大生产规模，不断优化资源配置，降低成本，扩大市场占有率。而在市场达到了一定的规模之后，边际效益才会递增。而长尾理论告诉人们：在消费者需求越来越多样化的今天，不管是哪个行业或是哪种产品，都应该重视消费者个性化、差异化的需求，并在低成本生产及营销渠道推广应用方面满足消费者的需求。

而在“粉丝”这种长尾经济的方式下，企业不但要满足消费者的个性化需求，还要思考如何形成企业的增值模式，降低企业的投入成本。第一视频进入移动互联网领域后，我首先告诉员工要用互联网时代的大思维去观察市场，而不是用我们传统的眼光去看市场，而且是用“客户的眼睛去看世界”，这样我们就能在移动互联网领域发现新体验的价值。

创新彩票平台取得了成功，第一视频在手机彩票终端的研发方面是非常领先的，当时就有 4 000 多万台手机装有第一视频的彩票销售终端，而且仍在陆续发展客户。

接下来我又成立了“彩博网”。媒体采访我为什么要办彩博网。我的答案是：优化。

我曾读过一本书，书的名字叫《目标》，这本小说的作者高德拉特是一位物理学家，他在书中展现的是企业科学管理的智慧。物理学家写企业管理的小说是一种跨界，看上去是外行，但是互联网时代是物理学支持技术和改变管理方式的时代，这位作家用互联网思维给出了未来企业管理的科学答案。他告诉人们，企业是一个有机体，牵一发而动全身，企业里的每个部门都是这个组织里的环节，决定这个组织有没有战斗力的不是这个组织里最好的环节，而是最弱的环节。因此，他把这个最弱环节叫作“瓶颈”。他认为“瓶颈损失一小时的生产时间，就等于整个工厂损失了一小时”。如果攻克掉一个“瓶颈”，又产生了下一个“瓶颈”，“瓶颈”出现移动，这时怎么办？只有一个办法，就是改造整个流程，这样才能把“瓶颈”逼到市场上去。

彩博网是在我国彩票产业发展到一定规模的产物，我国的彩民人数很快就会突破5亿，我国的手机用户人数是10亿，手机彩民有1亿。从这一组数据可以让大家直观地感受到我们面临的人群是多么大。彩票公益事业是一个非常大的产业，已经有1 600亿的销售市场。

所以，1亿手机彩民，10亿手机用户，1 600亿市场规模，没有一个新媒体平台来支撑是不行的，这会给彩票事业整体造成“瓶颈”。只有解决了整体系统层面的问题，才能真正使企业流程优化，才能彻底解决环节和事件问题。当然，优化流程是从一个个细节入手，逐步接近事物的本质，使整个团队提高系统性解决问题的能力，走出条块分割带来的效益低下的困境，做到有效产出。

高德拉特的观点对于互联网企业发展有很大促进作用。我们虽然把彩票业务做大了，但是仍然受到许多“瓶颈”的制约。因此，我们创新彩博网正是从整体上优化彩票数字平台的流程。

第一视频发挥新媒体优势，推出“垂直微博”，也就是彩票专业微博。它与综合性微博的区别在于彩博网是专门为彩民服务的，专业化地传播彩民信息，为整个彩票公益事业的发展提供全方位的信息服务。简单地说，它服务于彩民、服务于彩票事业、服务于彩票销售，是专业垂直的概念。

因为彩票事业是国家的产品，有国家信誉，所以要做到公开、公平、公正的发行，让人人都有中奖的机会。这是一件公益事业。彩票微博则把这种理念更直接地传递到每一位彩民心里，也更直接地让我们的监管部门了解每一位彩民的想法，这样对整体的彩票事业发展具有非常大的促进作用。

第一视频彩票相关业务——包括“中国足彩网”、“第一彩”及“彩票 365”——增长迅速，我押宝式地判断互联网彩票成为第一视频获取利润的重要武器的想法也得到了验证。据易观智库报告显示，“彩票 365”在 2014 年第三季度中国移动互联网客户端销售份额市场占比 18.5%，位列第一，淘宝排第二，腾讯 QQ 排第三。据公开数据显示，第一视频 2014 年彩票相关业务收入 2.4 亿港元。

2015 年国家暂停互联网彩票的销售，为了顺应政策的调整，第一视频自 2015 年 3 月 1 日起暂停彩票销售业务，恢复时间未知。尽管网络彩票的销售屡禁屡开，法规尚在不断完善，我还是相信在资本和用户需求的双重推动下，网络彩票会迅速进入快速上升的轨道，禁止仅是暂时性决定，机制需要改革，监管机构需要时间去调整和规范，但互联网彩票趋势不可逆转，短暂调整后行业会再次启动并迎来更高速的发展。

第四节　85天私有化中手游

中手游在2012年9月25日以“介绍上市”的方式成功登陆美国纳斯达克，成为国内首家登陆纳斯达克的手机游戏公司，为中国资本市场树立了一个在大环境不利的情况下采用特殊战略实现快速发展的典范。

此后中手游以破竹之势迅速发展，成为中国领先的移动游戏开发团队。中手游以其雄厚的游戏研发实力，自主研发了超过450个单机游戏、网络游戏及游戏平台产品。在广州、深圳、北京和成都设有专门的游戏研发中心，研发团队人员超过500人，在移动游戏策划、美术、研发方面都有着国内领先的经验和技术。代表作品有《新仙剑奇侠传》、《喜羊羊快跑》、《决战沙城》、《战谷》、《战谷II》、《二战雄鹰》、“快乐系列”及“真人视频系列”棋牌网游等，多款自研产品月流水超千万，并多次荣获“金翎奖”“游戏十强”等国内重大手机游戏类和企业类奖项。

中手游还是一流的移动游戏发行团队。2013年7月，由于发行业务的迅猛发展，公司首席运营官肖健邀请中手游旗下汇友数码众多代理商法人之一的应书岭加盟中手游，同时成立第三支发行团队——卓越游戏。在三支团队的共同努力下，中手游大放异彩，不断拓展新的游戏品类，拥有超过 10 款以上月流水过千万的产品，且单款游戏月流水不断创造新高。代表作品有《全民枪战》《大航海时代 5》《超级英雄》《天天英雄》《天天炫舞》《三国威力加强版》《武侠 Q 传》《怪兽岛》《神偷奶爸：小黄人快跑》等。

经过不断整合，从 2014 年 6 月开始，中手游逐渐形成两大发行业务团队，分别为首席运营官肖健带领的随悦、岚悦发行精英团队，以及应书岭带领的实力发行业务线。在之后的一年中，随悦团队成功发行了月流水稳定在两千万的自研游戏《决战沙城》；其运营推广的《三国威力加强版》连续 12 个月月流水过千万；2015 年 4 月 9 日上线的《新仙剑奇侠传》更取得了首小时过百万流水、首日 24 小时过千万流水的惊人成绩。岚悦团队则主营休闲游戏和棋牌游戏的发行和运营，2015 年初发行的《喜羊羊快跑》首日下载量为 285 万，首月流水 2 000 万元，是当之无愧的明星休闲手游。

从中手游的行业地位方面来讲，中手游是中国最大的手机游戏集团，它的销售额在 2014 年底达到了 5 亿元，年净利润 1 亿元，拥有自主知识产权的游戏有 300 多款，与迪士尼、好莱坞影城都有合作，跟联发科的芯片生产商也有合作，在北京、四川等地设有研发中心，在日本、印度尼西亚等国家都设有相关的研发地。

中手游财报显示，2014 年收益为 12.6 亿人民币，较 2013 年 3.53 亿人民币的收益增长了 258.3%。2014 年中手游股东应占净利润为 2.32 亿人民币，较 2013 年的 2 310 万人民币增长了 904.8%。截至 2014 年底，总注册用户接近 2 400 万。到 2015 年 8 月，中手游以 20.1%的市场份额连续 6 个季度稳坐中国移动游戏全平台发行商的头把交椅，发行月流水超千万。在 2015 年福布斯中国移动互联网 30 强中，中手游居第 11 位。

中手游的潜力获得了各路资本的认可，包括中国两大主权基金中国投资公司、中国社保基金以及新世界投资、正源资本在内的资本均入股中手游。经过四轮募资，中手游总募集资金超过 1.36 亿美元。至此，丰富的资金来源、在美上市的状态以及强大的管理团队为中手游在不久的将来成为中国最大的手游发行商以及中国排名前十的手游研发商打下了坚实的基础。

然而，就在这一增长巅峰期，2015 年 8 月，中手游对外宣布与东方证券私有化合并完成，华丽转身结束了在美国资本市场三年的风雨征程，母公司第一视频集团通过出售股权成功获利 2.98 亿美元，创造了纳斯达克中概股 85 天私有化的纪录。

消息一出，市场一片哗然。不过，我做出私有化中手游的决定并非一时头脑发热，其中不仅将对中美资本市场观察得出的结论作为依据，也有对第一视频未来布局的思考。

尽管中手游有傲人的业绩，但是其股值在美国资本市场一直被低估。其中原因不是业绩不显著，而是受市场的客观因素的制约。

在美国上市后，我一直密切关注着美国资本市场的动态，发现中美资本市场存在着很大差异。

首先，文化背景的不同导致两个市场对于同样的上市公司持有不同的态度、估值和期许。对赴美上市的中国企业而言，在很多情况下，由于美国投资者的文化背景以及他们的世界观和方法论差异，使得他们可能认为公司不会有很大的发展，至少不会如预期那样发展。而在中国，上市公司的预期和预测比较宏观，反而更容易引起投资者的共鸣。这样的文化差异使得在美国上市的中国公司在估值、股价上都显得比在国内上市冷清得多。

其次，由于两个市场的操作规则不同，导致了在两个市场上市的公司的体验感是完全不一样的。例如，美国是采取宽进严出的办法，中国恰好相反。公司在美国上市以后，不仅要接受监管当局的监管，还要接受投资人和一些相关部门的监管。特别有趣的是，美国市场的做空机制是一种股市的盈利机制，做空不但可以使投资者挣钱，在某种程度上也是对上市公司的一种监督和激励，所以该机制就导致中概股“水土不服”。原因是大部分中概股在国内经营不透明，加上两地投资者文化差异以及上市的技术操作和架构的不同，导致透明度不同。美国的投资者有时候看不明白中国的上市企业在做什么，就使得做空机构有机可乘，只要公布企业不透明的地方，就为企业带来了压力。

这个机制其实让中国的上市公司很不适应，会对上市公司的股价和市值都造成很严重的打击。被做空的企业不乏好企业，但做空的负面影响还是很明显的，无论是团队的士气，还是经营的秩序或是运作成本等都会受到很大的打击。

大约从 2010 年开始，美国市场对中概股的态度变得冷淡，中概股遭遇海外做空机构“围剿”，多家中国公司被挡在美国资本市场大门之外，中国公司的 VIE 架构岌岌可危。

为什么美国对中概股一夜之间从追捧变成了做空？这是因为资本在中国市场推动了很多急功近利的创业故事，引发了全球资本对中国公司的排斥。那段时间在海外上市的企业，到后来几乎没有一家盈利。当时承销商介绍企业的套路也基本一样：第一，中国人口最多；第二，中国是互联网大国，用户最多；第三，在中国做成最大，在世界做成最大。最大的互联网企业会不盈利吗？承销商用这种方式吸引投资者，但中概股的盈利能力并没有证明这一点，也造成了美国资本对中国公司的 VIE 架构的不信任。

在中手游赴美上市的审批过程中，美国证监会的审查焦点就在于这个 VIE 架构还能不能被接受。在审查的过程中，中手游也是费了相当的口舌和笔墨，才让美国证监会相信 VIE 架构是有效的，而且本身的结构可以实现股票市场的透明度。

尽管中手游是介绍上市，没有融资，但是意义确实重大。业界普遍认为如果中手游当时未能上市，就意味着美国证券市场关闭了面向中国的大门。中手游上市，意味着中国 VIE 架构仍然可信，意味着中概股还有希望在经济转好的时候重新进入美国资本市场。

然而，短期内融资环境很难有好转。在 2014 年之前，不会再有像上一波那样的中概股热。美国投资人大多对中国的网站了解不多，多数是跟风大投资商进行投资。中国经济增速减慢，短期难以恢复。

此外，美国证监会的关注点也发生了变化。曾经，中国企业到美国去上市，先要找一个业务模式相近的美国榜样，描述未来前景。中手游去美国上市的时候，美国证监会毫不关注，认为中国游戏行业发展前景不佳。而中手游能够顺利过关，重新让美国证监会接受的一个很重要的因素是，我们的目的不是用故事圈钱，也没有所谓的原始风投。

中手游采用介绍上市，就是因为担心时机转瞬即逝。上市后很多人跟我联系，将来也想走介绍上市这条路。但实际上很多公司并不盈利，即使上市后也难再融资，这些公司最后可能都会被洗牌。

我一直认为本土企业只有植根于中国市场才能做大做强，能够在自己的国家，在自己文化底蕴雄厚的资本市场实现资本运作、上市，就不要选择到国外的资本市场融资上市，只不过如果在某个时间段，无论是受到监管条例，还是门槛和时间等因素的限制而导致在国内的资本市场无法上市，又想要发展，那么去国外上市也是一个选择。但是如果要实现价值的最大化，让企业能够长远稳定地植根于中国市场，我认为和中国的资本市场相结合，仍然是中国企业做大做强的最佳选择。

再看国内，从2014年下半年开始，中国的A股市场发展很快，指数快速攀升，国内比中手游差很多的企业市值都比中手游高很多。中手游在美国又经历数次做空机构的打击，市值上不来。很多国内竞争对手大量融资，花高薪挖人，同时，在版权等方面的竞争上也威胁到了中手游。

面对中美资本市场的对比和新变化，我萌生出将中国手游私有化的想法。

不过私有化出售的决定说起来容易，做起来难。第一个让我感到难以说服的人就是中手游董事局副主席冼汉迪，他和我一手把中手游做起来，最不舍得私有化卖掉中手游。对肖健、王永超和他们的团队也要花一番工夫来解释，当初第一视频帮助他们在纳斯达克进行上市，刚实现上市梦没两年又要私有化，他们确实有点不舍。

我一边和他们分析我对中美市场的观察，一边做大家的思想工作。

我坦诚地向大家表达了我的看法：从中国本身手机保有量看，手机游戏仍然会保持很好的发展速度。但是如果说，中手游以海外上市公司的框架来继续发展以中国大陆为主的业务，这样下去会受到制约。中手游一面要承受做空机构的压力，一面还要与A股市场市值非常高的公司竞争，从长远来看，对我们保持行业龙头地位是不利的，所以我们要在A股市场做一些事情，来实现和国内手机游戏厂商的平等竞争。基于这些想法，我建议回归A股，这是从战略角度来看比较理性且合理的安排。

对于我的分析，大家都能够理解，不过我知道要卖掉中手游，还有一个关键的利益问题，即在价格上大家有不同意见。这又是一次人性的考验，只是过去我要面对的是自己，在关键时刻战胜自己人性上的弱点，而这一次我要面对的是群体，要在关键时刻协调、说服、平衡、权衡众人的人性，帮助他们克服人性上的弱点，这其中的难度可想而知。

2014年，我们中手游团队开始尝试私有化，从美国退市回到私有市场。到2014年6月，我们发出要约，准备组建银团，进行私有化。

这一次尝试挑战了我的协调能力。我先要协调管理层，看他们愿不愿意被买主买走，还有第一视频自己的股东能不能接受我们出售的价格，然后要跟大买家协调好，我们两家在大平台上把方方面面的利益都协调好，才能快速推进私有化。这一切说起来容易，实际上很难完成。

当时希望竞购的企业比较多，其中不乏国内知名的互联网企业和知名的媒体。中手游私有化，无非是找一个国内的合作伙伴，或者是买家，让中手游的业务能够在中国继续发展下去。当时我们的理念是，欢迎大家来竞购。关于中手游的出让，我要跟潜在买方提出条件，不能满足就退出竞价，然后让别人来竞价。对中手游感兴趣的有很多人，这个过程还不能得罪各方，而来竞价的买家还时不时地给中手游管理层发短信："我给你们的价格很高，你们到时候留的股权很高，你可以这样……"管理层收到这种消息心理会产生变化，我又要出面协调。

对股东我要跟他们讲道理，告诉他们"以多少价格买入的股票在这个价格卖出是合适的，并不是多出两块钱来买的人就一定最好，因为他未必有钱给你，最后损失的还是你自己"。

在利益的博弈过程中我在各方来回周旋，看到了人性真实的一面。到最后我体会到能创造 85 天私有化的纪录真是人性的奇迹，直到今天，我对中手游团队的职业素质和道德品质还是感到欣慰。如果我出让的价格仅有 0.5 美元的差值，就会对团队成员的个人财富产生上千万级的影响。但是应该说我们整个团队还是团结的，大家还是以大局为重。

有些一时想不通的员工也过来找我说："谈判的时候能不能卖多一点，希望尽可能变现。"毕竟我也是股东，也希望卖得更多，但是这其中有一个度，我们的目标是求得最大公约数。最后大家还是接受了我的安排，也都高高兴兴地推动着私有化进程。这一过程，让我更加体会到人性的重要，在关键时刻，输的不是你的能力，也不是金钱财富，输的是人性，赢也是赢在人性。所以我认为互联网企业今后的发展成功与否在于能否经受住人性的考验。

经过权衡，中手游最终选择了东方证券。而私有化成功与否的关键因素是，是否有足够的资金支持。作为东方证券的战略合作伙伴，上海银行设计了包括资金配置方案及出境方案等一系列服务方案，并与东方证券的相关负责人员进行了磋商，在一周内设计完成了最终方案。之后，上海银行利用不到两周的时间完成审批流程，为东方证券提供了超过 12 亿人民币的外币并购贷款，帮助其完成了对中手游的全面收购并在纳斯达克退市。

中手游于 2015 年 5 月 18 日，接到来自独立第三方的私有化要约，2015 年 6 月 9 日签订了私有化的合并协议，并在 8 月 11 日正式对外宣布合并完成。至此，中手游又创造了纳斯达克上市的中概股 85 天完成私有化的新纪录。

数据显示，2015 年以来，近 287 家中概股提交私有化申请，在这股浪潮中，中手游几乎是最果断的一家。整个私有化过程仅仅用了 85 天时间，创下中概股回归最快速度的纪录。对于大多数中概股而言，从美国私有化退市到重新在国内 A 股上市，一般需要经历两年半甚至更长的时间。

现在看来，选择东方证券是完全正确的决定。当时我收购三个游戏公司，现金加股票一共是 5 亿元人民币，在收购以后的三年期间，手游板块对我们是有利益贡献和分红的，这基本上实现了收回成本。上市三年时间，直接私有化，获得 23 亿港元的收益，整体看来中手游这个故事是资本市场的一个新传奇。

当时成交的价格是22.5美元，到2015年中手游在美国市场上也未必能达到这个水平。此时美国股价暴跌，中国A股态势也不是很强，我们以这个价格实现中手游私有化，实为明智之举。

这不仅仅意味着第一视频集团赚钱了，应该说是在恰当的时机，让中手游回到国内。中手游私有化之后，何时在A股上市，取决于“新东家”的安排。我想虽然A股市场一时处于比较低迷的状态，但挤掉泡沫以后，那些有发展潜力、有生产能力、有前瞻性和发展后劲儿的企业，还会有很大的市场，还会有健康发展的机会，中手游的回归对A股市场和国内手机游戏产业都是一个重大利好。

中手游私有化的成功完成，不仅是“融资”，更多的是“融智”。我们把中手游“介绍上市”又用最短的时间“私有化”，正是把握住了最重要的事，当初的介绍上市不是“赶时髦”的决定，“闪电”私有化也是综合考虑市场、资金、长远发展等情况做出的慎重决定，适应了互联网时代的市场发展趋势。

我对大家说：“像我决定介绍上市一样，我们卖了，进行私有化，这个私有化动作也许将来会让我们后悔卖便宜了，但是我们不要患得患失，以后我们还可以做其他业务。”

卖掉中手游直接的结果是充实了第一视频的现金储备，出售中手游让第一视频获利2.98亿美元，加上之前发展互联网彩票所得的收益，为第一视频下一步的发展积累了雄厚的资金基础。此时我正在心中构思和修正第一视频业务架构的蓝图。

基于我对政策环境、全球互联网格局变化以及对国内行业发展趋势的判断，我的总体设想是成为“互联网 +”时代的“搅局者”，选择“互联网 +”的方向，采用变形金刚战术，在第一视频旗下打造若干个在某一个垂直行业能够称雄的企业。这一阶段第一视频的升级版将以“互联网 +”为主，我看好的垂直领域有“互联网 + 医疗”“互联网 + 彩票”“互联网 + 金融”“互联网 + 电商”这几个领域，尤其是医疗和金融都是万亿市值级的市场。尽管第一视频无法跟几乎形成垄断的超大型互联网企业正面竞争，但将旗下每个“超级零部件”组合起来后，它就是金刚。

要想成为成功的企业家，必须对政策变化有足够的敏感度，我庆幸自己在体制内经历过历练，使我格外能捕捉到社会发展趋势的变化。

早在 2013 年 11 月初中共十八届三中全会发布的公报里，中央提出的“稳增长、调结构、促改革”“成立全面深化改革领导小组”“为改革做好‘顶层设计’”就给我留下了极深的印象。改革到了深水区，既要摸石头过河，也要依赖顶层设计。中央对此的机制化，显示出了继续推进改革的决心。我认为这个方向是对的，并对改革的前景抱有乐观的态度。

另外，公报指出要继续推进改革开放，尤其是关于民企和国企的发展方向。我注意到这还是中央头一次提出使市场在资源配置中起决定性作用的论调，这使企业后面所面临的很多问题都可以迎刃而解。国有企业可以找到更好的立足点，民间资本能找到更大的机遇。这对民企来说是利好的大消息，让我非常兴奋。可以预测的是，关于国企的去行政化，竞争领域的调整政策会进一步出台，民营企业现在面临的一些“玻璃门”“弹簧门”会真正被解决掉。民营企业和混合所有制的企业发展的路子将更加广阔。

应当说政策大方向给我吃了一颗定心丸，让我敢于放手大干，敢于想得更远，对第一视频的下一步做出更深广的布局。

2015 年 3 月，我们又迎来了中国互联网发展史上的一个重要节点。李克强总理在政府工作报告中提出制订“互联网 +”行动计划。“互联网 +”战略已经上升为国家战略，这对中国互联网人和互联网企业来说是一个前所未有的重大历史机遇。国务院随后发布了《关于积极推进“互联网 +”行动的指导意见》，首先提到了开放共享，融合创新。我想这体现在人性中最重要的就是利人利己，这样才能真正实现双赢。

《关于积极推进“互联网 +”行动的指导意见》第一条就是开放共享，可见它的重要程度。它的核心就是为了打破现有的行业状态和社会生活状态，这也是大家都说互联网具有颠覆性作用的原因。

另外很重要的就是融合创新，主要指传统行业和互联网的融合，不过这种融合来自两方面，一方面是互联网人要将什么融合到互联网中来？另一方面是传统行业，实体经济要与互联网融合什么？这是两个方向的互动，是各个市场要素的互动。

最后我通过解读政策捕捉到的是关于引领、跨越、安全有序，积极鼓励创新，特别是跨越式发展这一点。要特别注意的是这一点强调了安全，安全意味着需要保障，无论怎么去融合，怎么去颠覆，最后都要保证社会的稳定，要保障网络的安全。

那么如何在“互联网 +”时代的发展洪流中把握机遇、顺势而为？如何判断中外互联网产业格局？我在接受英国《金融时报》FT 中文网的独家专访时分享了我的分析和见解。

我认为中国互联网应用已赶超美国，进入了自主成长阶段。如果把中国互联网的发展大概分成三个阶段的话，第一个阶段就是舶来阶段、模仿阶段。第二个阶段是微创新阶段，我们把源自美国的商业模式，按照中国的特点，按照中国用户的需求进行了改造，使之更适合中国的市场和用户需求，能够在中国庞大的人口基数上发展壮大。第三个阶段，我们称作“搅局阶段”，或者称为相对的爆发性增长阶段，也就是中国的互联网产业开始了自主发展的阶段。也就是说，舶来也好，借鉴也好，我们根据中国的市场特点和用户需求做了微创新，企业有了一定的发展，整个中国的互联网产业也成长得足够大了。

在这个基础上通过进一步的创新，才诞生了今天所谓的“互联网 +”，“互联网 +”阶段实际上是中国的互联网产业为了促进中国社会经济的转型升级发展产生的一个新的增长模式和形态。“互联网+”的重要核心是用互联网的思维、用互联网精神去改变我们社会经济发展的模式，去改变我们所谓的传统经济运转的思路和态度，产生新的发展潜力，新的互联网领军行业。

为什么我要带领第一视频选择“互联网+”的方向呢？因为在今后大的格局下，中国在数字产业、高新技术产业、互联网产业方面拥有大数据的优势。在大数据的优势上，中国能够三分天下，成为世界产业新格局的一极。为什么？这还是来源于我们人口基数的优势，中国人口基数很大，都在使用互联网，都在使用手机，所以我们能够成为世界移动互联网大国。这也是中国今后保持经济快速发展，以及我们和美国及以美国为首的西方国家竞争的一个非常大的优势。

那么第一视频在“互联网+”领域选择哪些具体的业务角度展开布局呢？我想，选择业务角度时应考虑这几个元素：注重用户体验，降低用户成本，效率更高，更为便捷，可能还包括更有趣。

普惠金融首先走下“神坛”，插上互联网的翅膀飞入寻常百姓家。普惠金融就是跟老百姓生活息息相关的各类金融产品和金融服务的总称。我觉得在普惠金融这个领域，利用互联网去开展业务大有机会，尤其是随着政府对其管理规定的完善，网络证券、网络保险、互联网基金销售等这几项产业都蕴含着巨大的商机。其中网络信贷、互联网消费信贷业务都对我们具有重要意义，特别是在电商领域，包括一些有一定规模的电商平台，直接接轨消费贷款可以很快解决融资问题。因此第一视频将对互联网金融进行布局。

医疗、健康、教育这三个重点的互联网益民服务几乎和我们每一个人的生活息息相关，而且目前看来的确有很多不方便的地方，相信大家是非常期待能通过互联网真正实现无缝益民服务的。国家有关政策明确了一些可操作的领域，特别是积极利用移动互联网提供的在线预约诊疗、候诊提醒、在线缴费、诊疗报告咨询以及药品配送等。国家有关政策中提到的积极探索互联网，延伸医嘱、网络处方等网络健康医疗服务应用中，延伸医嘱和网络处方如果可以实现，就相当于一家网络医院。这三个板块也是第一视频探索的领域。

而电子商务是“互联网+”的重中之重，大胆创新和布局是关键。现在很多人都已经把网购当成生活中重要的一部分。不过这里的互联网电子商务主要包括三大块：农村电子商务、行业电子商务以及推动电子商务的创新应用。第一视频在进行电子商务创新应用方面和跨境电商方面的尝试，将选择其中的垂直领域进行攻破。

有更多可创新的领域等待着被发现和探索。全新创业不是那么容易，想出全新的模式需要非常高的智力。但在现有的生活状态下，只要留心一下，想一想我们生活中有什么不方便的地方，我们还差哪一步没做，继而改进一下，很可能就会成为一个新的商业模式，关键是要大胆尝试和布局。

我一直在思考第一视频该如何面向未来产业。未来的生活很精彩，做饭可以用机器人，开车可以自动驾驶，旅行的时候飞机可以变成平流层的交通工具，人们的购物体验改变了，交友体验也变了，什么都在变，人工智能将使整个社会有一个完全颠覆性的补给结构，其目的就是向越来越好的方向发展，解放人类，给人更多的时间和自由，这实际上都是网络和新技术带来的剧变。最后的体验就是人们的生活方式发生的变化，以及社会的组成结构产生的革命性和颠覆性的变化。那么我希望第一视频能在这一过程中充当“搅局者”、创新者的角色，我们的目的就是变革！从引发变革，到在变革中寻找我们的位置，继而受益于变革，最后孕育新的变革。

第六章
新　生

第一节　宝贝，谢谢你们带来了希望

有一种幸福，平淡、绵长而又深远，与它相比，世间一切的享受都味同嚼蜡，一切名望成就在它面前都黯然失色，这就是天伦之乐。而今，当我望着家中一对双胞胎儿子咯咯笑地满地跑，妻子王淳搂着他们亲个不停时，这甜蜜的一幕让我幸福得如同掉进了蜜罐。我从未想过会在 50 岁时得子，感谢我挚爱的妻子王淳，让我品尝到人生的真味，回想起幸福到来的路上遍布的荆棘，妻子承受的压力和艰辛，一切宛如昨天。

2007 年秋日的一晚，我和王淳像往日一样在公司忙碌着，结束手头的工作时已是华灯初上，我们俩就近简单吃了点晚饭后回家歇息。

“我想生一个孩子。”她一进家门，把包放下后突然对我说。

我一时愣住了。“咱们现在过得不是也挺好。”

“是挺好，你那么疼我，第一视频的事业也越做越大……可是，日子就好像差那么一点儿，有点儿不完美，”她说，“这两年朋友聚会上我总是看着别人家的小孩发呆，经常想起要孩子这件事。一开始只是想想，但是怎么做一直没想好。可是就是这么想来想去，时间一下子就过去了。”

“咱们认真琢磨下，要孩子吧。”她满怀期待地看着我，等着我的回答。

望着她期盼的眼神，我心里翻起了波浪。

时光悄悄流逝，还记得我们大学毕业两年后刚结婚时的情形。当时王淳在天津最好的一家医院工作，她走到哪里都能收到艳羡和尊敬的目光。我调到北京工作后，她义无反顾地砸掉了“铁饭碗”，“嫁鸡随鸡、嫁狗随狗”般地随我来到北京，改行到一家央企工作，一切从零开始。

她是那么能干，那么有信心，很快就被派往北美地区工作。也就是在国外，她接触到了日后改变我们俩一生命运的互联网。回国后她创建了中国第一家网上超市——中国华天超市网，和她一起工作，我接触到了互联网这一全新领域，而后我们共同创办了第一视频。

我们的二人世界恩爱而平实，对彼此的理解深入骨髓，事业上更是迎来一个又一个的新高度。第一视频在香港主板上市以后，我们沉浸在飞速发展的事业和繁重的工作里。也许是因为每天过得太过充实，我们都忘记了自己的年龄，更不要说生一个孩子。就算偶尔看见可爱的小孩，心里有那么一些触动，但很快我所有的视线就会集中到第一视频大大小小的新项目上去，对我来说，第一视频就是我的孩子。

可以说，我们把最好的年华都奉献给了工作。常言道，女人只有做了母亲才完整，随着青春的流逝，我越来越能感受到王淳心底的遗憾，这也让我心生失落，我希望能给她无憾的幸福，而我也隐隐地对天伦之乐产生了一丝向往。

可是，她已经 45 岁了。

“我担心你会不会太辛苦？”我问。

“再辛苦，也值得！”像是盟誓一般，她对我说。王淳少年时曾经练过体操，她认为这段经历让她收获了强大的意志力和强健的体魄，就像她在工作中不会为任何困难停下脚步一样，这一次为了孩子她也要主动出击，创造机会。

几句话的时间，我们俩就达成了一致，选择目的性最强、最直接的方式——试管婴儿。

在 45 岁的生育高危年龄踏上试管婴儿之路，对王淳来说，其中的艰辛非常人可想。第一次试管婴儿的尝试失败后，没有人相信她能在这个年纪创造生育奇迹，但在一片反对和质疑声中，她继续寻找医院，查出可能是右侧输卵管阻塞导致她一直没有自然怀孕，那可能是缘于 20 年前阑尾穿孔后造成的粘连。她进行第二次尝试，这一次，喜从天降，竟然怀上了！而且是双胞胎！

尽管医生认为双胞胎风险过高，建议她减胎，但她一口拒绝：“一个都不能少！”

度过危险的头三个月保胎期后，高龄初产、妊娠合并糖尿病、高血压等问题向她袭来。王淳又经历了人生的生死关，打响了 28 周保胎战。怀孕生子过程里所有的苦难和危险都压在准妈妈一个人身上，最亲近的人都无法代替她承受，其中的艰难让我这个丈夫在身边看得胆战心惊，也深深佩服她的坚强。

2012 年 12 月 13 日，协和医院手术室外，我焦急地等待着。“王淳家属！”护士喊道。我仿佛从梦中惊醒一般，应了一声，跑上去。

协和医院的李冀医生对我说：“不错啊，两个儿子。”他接着说：“赶快拉车，到新生儿监护室！”由于孩子出生时才 30 周，属于早产儿，所以一出生就要送入监护室。

我不假思索地赶快拉起小车向监护室飞跑。“这活可从来没干过，跑得还挺快！”我自己嘀咕着，心里却甜蜜蜜的，心想往后就算套上这套了，从今天开始，除了拉着第一视频这辆大车，还要拉上儿子们这辆小车了。

那一年，47 岁的王淳在北京协和医院诞下两个儿子，我也从那一天起成为父亲。在产房外等孩子们降临，成为人父的一刻让我终身难忘。王淳后来整理了用手机记录的日记后，写成一本书《我的特殊月子》，当我读到她成为母亲的最初记忆时，两眼湿润了。她写道：

待我苏醒之时，正被推出手术室，蒙眬间看到一帮亲朋好友，我用最后的一点力气，追问一句：“宝宝们呢？”

“已经推走了。”不知谁在回答。

我终于没能撑住，沉沉睡了过去。

其间蒙蒙眬眬醒了几次，隐约听到医护人员和亲朋好友的交谈，却实在睁不开眼睛。

转眼六个小时过去了，我才正式清醒，感觉到一双温暖的手正在有节奏地轻揉我的手脚。我依然闭着眼睛，静静地回想刚才发生的一切……陷入深深的遗憾之中。

儿子没见，准备的话也没说就睡了，我怎么那么没用！心里骂着自己，眼泪轻轻地淌出来。

“醒了！”月嫂秀敏觉察到我的动静，立马喊了一声。丈夫笑盈盈地把脸凑了过来：“英雄的母亲，两个儿子。”

自从我怀孕的消息公布后，许多人都喊我——英雄的母亲。

“我知道……”我怏怏地说，“可我没有看见他们，我怎么那么没用……还想和他们说话呢，好遗憾……”后来，马医生告诉我，因为我在手术后期咳得厉害，唯恐发生羊水栓塞，医生不得不给我注射了镇静剂，才导致我沉睡了这么久。

丈夫怕我难过，立马拿出在手术室外拍摄的宝宝视频给我看，尽管画面仅仅持续了不到 15 秒，还晃晃悠悠，看不清宝宝的脸，但我内心的遗憾还是因此而稍有平复。

丈夫安慰我：“没事儿，214 天的努力，我们终于盼到宝宝们的降临啦。”是啊，我那坚强的儿子们，终于和我一起，闯过来了！

我躺在病床上体会着各种复杂的心情，丈夫则在亲朋好友的祝贺之中应接不暇。

忽然我感觉浑身发冷，疼痛难耐。丈夫一边叫医生，一边又拿出儿子们仅有的那一小段录像给我看，我定格，一帧一帧地看，疼痛似乎也减轻了许多。

接下来，丈夫进入繁忙的“工作”之中——给宝宝送奶、送湿纸巾……他在儿科与产科之间来回穿梭，马不停蹄，却乐此不疲。

……

“医生说了，儿子们状况都较平稳，要是有母乳就更好了，”丈夫继续说，“NICU（新生儿重症监护病房）都是早产或者病重的宝宝，所以不让家长进去看，怕感染，只能通过医生了解情况。”

……

12 月 20 日，早上。杨主任过来查房，亲自检查我的伤口，对剖宫产的产妇来说，伤口恢复得快慢意味着是否可以回家。杨主任说我的伤口恢复得很好。

直到这一刻，我才发现杨主任严肃的表情终于褪去了，取而代之的是祥和、自信的微笑。我真的打心底里感谢她，自从我住院进来，她一直陪着我，一起担忧，一起战斗。

我由衷地感谢这里每一位医护人员为我的人生书写了这完美的篇章。我送了他们精心挑选的小小礼物，聊表心意，更多的感恩，我都好好放在心底，一生感激。

要出院了。2012 年 12 月 21 日，就是这天，是冬至，也是传说中的世界末日。我在协和的日子即将结束。

我环视病房四周，心中竟生出一丝依恋，回想起当初入院时的画面，以及发生在这里的一次次有惊无险的小插曲，到后来产房生子的情景，更有医护人员的精心呵护，一切都历历在目。

这里记录了我一生中最重要的时刻：从女人到母亲的蜕变。

怀孕是女人完全要靠内驱力去完成的一件事，大家都能帮助你，却不能代替你，唯有坚强与乐观才能支撑自己不断前行。所谓为母则强，就是因为女人经历了怀孕到分娩才能领会的要义吧。

王淳为了孩子所经历的不仅是肉体上的痛苦，还有心灵上的折磨。她就像是一名登山运动员，在向人生的高峰不断挑战，从中她体验到“为母则刚”的内涵，这就是女人升华为母亲那一刻的真实感受。因为这样刻骨铭心的体验，使她深深地懂得了天下母亲的同一颗心——“一切为了孩子！”感谢王淳，是她给了我一个家，让我成为一名真正的父亲。从此，我在思考问题时，就会很自然地多了一份父爱，人们常说父爱如山，而我要以父亲的名义爱儿子，爱天下所有的孩子们。

我们给两个可爱的儿子起了乳名，一个叫金旦儿、一个叫银旦儿。自从金旦儿、银旦儿出生后，我仿佛变了个人，过去我不喜欢开车，为了方便接送王淳和孩子，我报了驾校认真地学起开车，当起司机来。我算得上是“老司机”了，老的司机，我自嘲说。我一天工作十几个小时，周日还要学车。王淳看我一连三个月不知疲倦地连轴转，眼神里既有心疼，又满是鼓励。2012 年第一视频处在寻找利润突破口的发展关键期，我的压力一下子变大，但山大的压力在此时也成了强劲的动力，我要支撑起第一视频这个大家，还有我的小家。

我很喜欢法国作家圣埃克絮佩里写的《小王子》。在书中，小王子想到每一颗行星上去看看，他在走过四个行星后，来到了第五颗行星，在这颗只能站两个人的行星上，小王子遇到了一位“点灯人”。

点灯人每当把灯点亮，就要把灯熄灭，接着又把灯点亮，如此一刻也不停地点灯、熄灯。小王子不明白他为什么要这样做，他问点灯人：为什么刚点亮灯就把灯熄灭，接着又点亮？点灯人用红方格手帕抹了一把额头上的汗水，说他的工作就是这样，即便很累。过去早晨熄灯，晚上点灯，白天还有时间休息，夜里也有时间睡觉。小王子问是不是规定改了。点灯人说，不是规定改了，而是这个星球一年比一年转得快了，现在每分钟就转一圈，我连一秒钟的休息时间都没有，我每分钟就要点一次灯，熄一次灯。

抱着金旦儿、银旦儿，看着他们可爱的笑脸和明亮闪烁的眼睛，我的心都醉了，我想自己就是《小王子》里的那个点灯人，第一视频的成长和宝贝们的到来让我的日子越过越快，越来越忙，但就算一秒钟的休息时间都没有，我也心甘情愿做这个点灯人。

对我来说 2012 年是家庭事业双丰收的一年，下半年第一视频发力的移动互联网彩票业务快速增长起来，年末“彩票 365”作为手机购彩行业的中国第一品牌，稳居苹果软件商店中国区体育类首位，摘得工信部、中国互联网协会等多项产品创新大奖，一跃成为中国手机彩票行业的领头羊。

知道这些好消息后，我长吁一口气，迫不及待地回家跟王淳分享。王淳心疼儿子早产体弱，在家全力照顾着一双宝贝，如今孩子已经成了她的新事业。听到第一视频的好消息后，王淳也高兴不已。

“谢谢你，我的好太太！”我最后深情地总结道。

“哎哟，嘴甜得我的牙都倒了。你不是老说咱俩是共产党和民主党并肩合作，怎么跟我这么客气啊！”王淳笑道。

我说的是心里话，如果不是王淳极力主张第一视频要打造自己的产品，要寻找新的利润点，也许我们今天已经深陷困局。常言道，一个成功男人的背后一定站着一位伟大的女性，我想王淳就是站在我背后的那位伟大的女性。在我事业的转折点上，她像引路人一般推动着我往正确的方向走：是她，在我最初面临去深圳还是北京发展的选择时，支持我来到北京闯荡；是她，让我接触到平生第一台电脑，打出第一份电脑打印的简历；是她，让我第一次接触到互联网；是她，回国后率先办起了华天超市网，我给她“打工”，从中发现了互联网才是我未来的事业方向；是她，让我与亚太经合组织这个高端峰会结下不解之缘；是她，和我并肩作战，为第一视频的发展贡献力量；是她，带给我两个宝贝，让我有了幸福的家，人生得以完整……

“我还记得咱俩去你单位，第一次用电脑打简历时你说的心愿，”我对她说，“你说，希望未来我们能有自己的事业，不管是过十年、二十年，还是多少年，这份事业都能与未来相连，引领着时代。”

王淳说：“我也记得，所以这些年一直拼命地工作。我的愿望已经实现一大半了，谢谢你一路陪着我奋斗到今天。有了孩子以后，我会花大部分精力在孩子身上。不过我想了很多，觉得往后咱们第一视频应该多做些让人更快乐、更有幸福感的事，不光让咱们的孩子，也让更多孩子都能健康成长，能够成才。”

我点点头。我们四目相对，紧握着对方的手，此时无言胜似千言万语。她的果敢和自信总让她能顺应自己的心去行动，这一次，爱让她放下正处于鼎盛高峰的事业，华丽地谢幕，转身投入平淡生活。有此贤妻，心有慈爱，夫复何求。而王淳的一席话也触动了我，有了孩子以后我确实对未来思考得比过去更多。回顾第一视频的发展历程，我们一直都在跟时间赛跑，跟自己赛跑，要努力跑在行业前头，“发展得快又稳”是我们的目标，而有了孩子以后我开始从未那么热切地希望自己能给人带来健康、幸福和快乐。我想，中国的互联网应用已经进入了一个新阶段，未来互联网应当朝着让人们生活更好的方向发展，而第一视频也应该与时俱进“再出发”，未来业务的创新方向和战略布局都该朝着让人们生活更好的方向来调整。

看着两个儿子可爱的笑脸，我不禁抱起他们亲了又亲道：“宝贝，谢谢你们带来了希望！”

第二节 少年强，中国强

孩子的出生让我对世界的思考多了一种视角，也为我的生活注入了更多活力和生机，此时我萌生了去美国学习创业创新的念头。尽管中国的创业创新活动开展得如火如荼，但是美国已经在这条路上走了上百年，中国才走了 25 年左右，我时刻提醒自己要保持谦虚谨慎的态度，虚心学习国外创新的内涵、理念、方法论和精神，他山之石可以攻玉，这样才能把自己的创业创新、技术创新和商业模式创新做得更好。

跟王淳提出这一想法后，她支持我暂时放下手里的业务，来一次头脑的“新生”，同我一样，她也认为这将会拓展我在创新方面的视野，有助于我实现创新梦想。

经过不懈的努力，我终于促成了第一视频集团和美国斯坦福大学建立合作关系。2017 年我被斯坦福大学录取为研究学者，从事“源创新”（Disruptive Innovation）理论的研究。“源创新”代表的是一种极具颠覆性的新思维，提倡建立适应信息时代的“上下游资源”“两面市场”“生态系统”，实现从以“产品”为中心到以“用户”为中心的转变，为多方用户提供新价值，形成一个整体和谐共存的生态系统。

2018 年初，我进入了斯坦福大学，与斯坦福大学教授、“源创新”理论的提出者谢德荪共同探讨如何以“源创新”理论服务中国“双创”（大众创业、万众创新）。

在共同创作《源创新小典》的过程中，深入探讨“源创新”的过程使我获得了许多创新的启发，回国后我便着手给第一视频旗下的跨境电商宝贝格子进行业务模式方面的创新。

说起宝贝格子这项业务，还与我的一对双胞胎儿子的诞生有关。

金旦儿和银旦儿出生后，王淳的“新职场”就是哺育孩子。因为奶水不够，为了让孩子们吃上优质的奶粉，王淳通过海外代购公司从国外购买奶粉。可是意想不到的一件事发生了。

一天，我们收到代购公司寄来的海外奶粉，发现奶粉的包装已经破了，甚至上面的说明书也看不全，于是我打电话给代购公司，请他们换一下。让我没想到的是那家代购公司态度非常强硬，一口咬定包装损坏不是他们的责任，坚持不给换，而且直接把电话挂了。

我气坏了，大声说："现在还有这样差的服务，不但不把顾客当上帝，连对孩子吃的奶粉也不负责任。"王淳听后说："这也太不像话了，对孩子吃的奶粉怎么能这样不负责任。还真是十个代购九个靠不住，指望他们是没法让孩子们吃上放心奶粉的。"

"他们真的不懂做母亲的遇到这种情况多么着急。跟他们理论也不会有什么结果，中国有那么多孩子需要高质量的奶粉，我看不如我们自己办一个海外代购婴儿奶粉的网站，不光让咱们自己的孩子吃上放心的进口奶粉，还能让其他有需要的孩子也吃上，让妈妈们放心。"王淳的提议让我豁然开朗，原来高端奶粉市场到了今天竟然还是"卖方市场"。

王淳从妈妈的体验和需求中发现了母婴市场这一痛点。母婴用品本身不是蓝海，但是"跨境电商＋母婴"就一下变成了蓝海。经过我们的调研，最终第一视频收购了一家网络电商公司，创办了宝贝格子科技有限公司，作为垂直类B2C（企业对个人）跨境母婴电商平台，宝贝格子为中国妈妈提供母婴产品。

2014年10月20日，宝贝格子母婴网上商城推出了宝贝格子海外直邮服务。

之所以取名为宝贝格子，是因为我们将宝贝格子商城上的一个个栏目比喻成一个个置物格子；而宝贝除了指小宝宝，也指消费者喜欢的品质优良的"好东西"。"B & G"是宝贝格子的英文名称，是从宝贝和格子中各取了一个字母，组成B & G。

B 也指 BOY 男孩，G 是 GIRL 女孩，BABY GOODS 是好的婴儿用品，同时 B & G 也代表了 Be Global 的全球视野。

王淳站在一个消费者的角度在妈妈群体中搜集了很多需求，最后宝贝格子网站主打的几项特色服务一经推出就让宝妈们眼前一亮。

首先就是备受妈妈们青睐的母婴跨境全球购。为了真正做到全球购，宝贝格子在美国、英国、日本、澳大利亚等多个国家建立了完善的仓储物流系统，通过海外公司直接向国内供应全品类的母婴商品。目前已开通美国、意大利、加拿大、日本、韩国、新西兰、荷兰、澳大利亚、英国、德国 10 个国家的海外直购业务，合作近万种 SKU（库存量单位），提供数十万种商品，并且95%以上用海外直邮（包含海外仓直邮+保税仓直邮）的方式邮寄给用户。

为了提供高效的海外直邮服务，我们采取了海外直邮和国内保税区直邮两种配送方式。消费者只需下单后支付人民币，填写收货人身份证号码和收货地址信息，就可以在宝贝格子官网查看到商品自海外出库、发货、报关、清关及配送的每个过程。除去个别海外直邮包裹遇到海关抽检寄达时间变为一个月左右外，通常情况下两周左右便能收到海外直邮的商品。

保税区直邮就更快了，我们在天津、杭州、宁波等多个保税区设立仓库，保税区发货的商品先由宝贝格子进口至口岸，存放在海关监管的仓库内，待消费者下单后宝贝格子再对下单商品进行报关，商品即可入境送至消费者手中。保税区发货商品通常一周之内即可送至用户手中。

网上商城常设限时特卖，每周定时更新特价商品，优惠后的价格只有原价的 5~7 折，这些都给妈妈们带去了实惠。

众多跨境电商的出现，使海淘变得繁杂，宝贝格子又推出“同质同价”服务，选品紧跟海外知名跨境电商的脚步，喜欢海淘的用户会发现像亚马逊、diapers.com 这类知名网站的在售商品，在宝贝格子网站上也经常可以见到，不仅如此，宝贝格子的商品价格还保持与这些海外知名电商网站实时同价。为了方便用户随时随地比较价格，宝贝格子在其官网商品详情页上都添加了海外电商网站的同款商品链接，消费者只要轻轻一点就可以浏览海外电商网站的产品进行比价和了解详情。

宝贝格子深受妈妈们青睐最重要的原因是在宝贝格子上永远也找不到假货。创办宝贝格子的第一天，我就对管理团队说：“我们一直说少年强中国强，少年要想强，就得先从婴幼儿开始抓营养，也可以说婴儿强中国强。我们必须保证食品安全，这是我身为父亲能为天下孩子做的最好的贡献。我最大的要求就是必须卖原装正品，坚决不卖假货，卖了假货那就是犯罪！”

为了保证海外直邮商品全是原装正品，宝贝格子的海外母婴商品都来自海外知名电商网站，如亚马逊、diapers.com 等，海外分部采购商品也重点筛选海外热销的当地优质产品，全都来自海外知名电商网站，确保是本土生产的正品。并且买家下单后货品自海外发货，可以跟踪货物的整个物流记录，这就确保了货品的安全。

命运一直奇迹般地眷顾着我，我 50 岁那年得子，而在我过 50 岁生日那天，我创办了宝贝格子。可以说因为有了孩子的出生，才有了宝贝格子，而让我喜出望外的是，宝贝格子还圆了我久藏心底的梦——2015 年 12 月 30 日上午，宝贝格子在北京金融街新三板上市，我拿着钟锤敲响了上市之钟。

在挂牌敲钟仪式上，我向公众宣布："我对宝贝格子的未来充满信心，因为这是一项非常神圣的事业，是在运用互联网为中国的下一代提供安全优质的食品和用品，少年强则中国强。"无论是从市场层面还是从二孩利好政策层面来看，母婴电商市场空间都是巨大的，未来 20 年内这一市场规模将很快达到 2 000 ~ 3 500 亿元。

就如我盟誓一般的宣言一样，我要让宝贝格子坚守"正品"的底线，保证产品质量安全，为中国的妈妈提供更安全、快捷、便利的服务，同时也要满足投资人对回报的要求，让投资人受益于母婴市场的快速发展。

随着宝贝格子的上市，我们在发现市场新价值的同时，也对宝贝格子的盈利模式做了创新。

宝贝格子的盈利模式主要分为三类：一是与商家之间的佣金结算；二是由于账期长，不必马上结款而产生的金融盈利；三是通过物流差价产生的盈利。在这其中，物流差价是盈利的主体。

宝贝格子向每一位选择海外直邮的顾客收取的是国际物流费用，以普通消费者的价格计算。而平台本身与第三方物流公司结算时享受的是版权优惠价，因此这之间的差价就是盈利点。由于母婴类商品价格趋于透明化，佣金结算在宝贝格子的总盈利中占比是最小的，而占比最大的其实就是物流差价。如果日销售额越来越高，那么金融产品也能实现不错的盈利。

事实上，探索金融盈利也能发现新价值。根据宝贝格子的销售额来看，我们完全有可能与专门做理财基金的银行合作，向消费者推出金融理财产品。用户可在账户中预存一笔费用，一年后本金悉数返还，而收益则被用于购买奶粉，每周可以购买一罐，全年共提供 52 罐奶粉。对一个家庭来说，养一个宝宝每月大概需要 2 000 元左右的支出，这并非小数目。因此，宝贝格子也计划推出分期付款项目，为消费者提供便利。

宝贝格子还没有考虑建立自己的母婴品牌，因为这涉及产品质量把控、市场定位、战略规划等一系列操作。目前主要是做好第三方平台的服务工作，关键是在产品的信息、物流和支付等方面进一步深入优化，提升用户体验，树立竞争壁垒。

尽管有越来越多的跨境母婴电商竞争者加入到市场中，我还是认为宝贝格子母婴平台的价值在于它的诚信带来的“真”，让用户体验到“真诚、真实、真爽、真好”。英国经济学家亚当·斯密曾说：“商人本来最怕失去信用。他总是时刻小心翼翼地按照契约履行所承担的义务……”其实，经商的法则之一就是诚信。只有诚信经营，市场经济才能正常运转，任何弄虚作假、坑蒙欺诈、假冒伪劣等不道德行为都会破坏市场经济准则，让自己的品牌形象崩塌。

正是基于让消费者放心的考虑，我们主动敲响了中国质量认证中心的大门，让宝贝格子成了中国第一家有国家权威机构认证的跨境电商。2016 年 6 月 28 日，宝贝格子与中国质量认证中心（CQC）码上世界防伪追溯平台（以下简称“防伪追溯平台”）正式签订了战略合作协议。

宝贝格子与防伪追溯平台的合作，技术含量非常高。防伪追溯平台是由中国质量认证中心主办的国家级防伪追溯公共服务平台，是由中国政府批准设立，被多国政府和多个国际权威组织认可的第三方专业认证机构。经过多年的发展，中国质量认证中心已经以较高的信誉度和美誉度跻身世界知名认证品牌行列。近年来，防伪追溯平台进一步发展，结合最新的云计算、物联网、大数据等移动互联网技术，以“一物一码”防伪追溯技术为核心，为企业提供产品防伪、追溯等多项可靠的服务。

宝贝格子跨境电商的认证主要是以“质量认证 + 产品评测 + 体系评价”的方式，形成权威的产品检测报告，向消费者展示可信的产品认证信息。双方合作期间，中国质量认证中心将对宝贝格子开展长期全方位的质量提升工作，以及电子商务规范认证的相关认证评价工作。防伪追溯平台与宝贝格子成立了联合项目工作组，协助中国质量认证中心研究制定“海外直购”“原厂正品”的供应链评价方案。

其实跨境电商要想成功，关键还是要注重商品品质，这正是宝贝格子与中国质量认证中心合作的根本原因。宝贝格子率先在业内邀请权威第三方发起海外直购商品供应链评价和防伪追溯，向消费者展示自身实力，做到海外直购商品可溯源、可追踪，让更多优秀的海外品牌通过可信任的平台进入中国市场。

在保证了“真”的前提下，宝贝格子下一步的任务是“更快”。跨境物流是宝贝格子近两年的布局重心，我们首先依托自己的海外仓储，直接对接物流公司和货运公司，甚至是航空公司，从而提高效率。有了这样的大投入之后，宝贝格子的海淘时间从 40 天压缩到了现在的 14 天。下一步宝贝格子的目标是 10 天，购买全球任何一个国家的商品，从下单起 10 天内就可以收到，甚至个别国家或地区可以压缩到 3~5 天的时间，宝贝格子会不断优化配送、转运等环节来满足用户的需求。

截至 2017 年 6 月 30 日，宝贝格子在中国拥有的注册用户已达到 500 多万，较前一年同期增长 18%，手机软件移动端下载量达 3 700 多万，较前一年同期增长 56%，半年订单重复购买率高达 69%，每一个顾客平均购买商品的金额达到了 448 元。

我在斯坦福大学学习的收获之一就是对宝贝格子进行的一项创新实践，打通线上线下的布局，同时启动区块链的研发及应用。

除线上布局外，宝贝格子积极布局线下渠道，目前旗下“格子优品”品牌已在全国开设了两百多家实体店，并在意大利开设了第一家海外实体店。我希望同步开拓海外线下渠道有三个用意：一是为了更好地配合海外的品牌和资源，同时也服务好当地的社区和消费者；二是告诉中国消费者，宝贝格子的产品同质同价地提供给中国消费者和海外消费者；三是开店带来的流水和收入更让国外的人信赖我们的品牌。宝贝格子具有独立的进出口经营权，也有海外知名商品的快速采购能力。对电商而言，线上线下的打通已经是未来的必然方向，同样也是跨境电商未来的破局方向。

同时，宝贝格子宣布正式启动区块链技术的研发及应用，打造人工智能零售链，这将使宝贝格子成为母婴电商及跨境电商行业第一个启动区块链技术的新零售企业。

在“共享安全、透明开放、自主创新”的设计原则上，宝贝格子运用区块链技术推出了区块链服务平台，将公司几大核心业务作为区块链技术应用的切入点，其重点发力的新零售业务是格子优品人工智能母婴综合体。区块链技术将与新零售、人工智能等业务进行完美结合，为宝贝格子庞大的线上线下客户群体带来优质的购物体验。

宝贝格子将区块链技术运用到全球供应链体系的各个环节，包括用户线上线下消费、商品采购、工厂生产工序、检验检疫、供应商资质、物流运输配送等，让每一个环节都做到有“链”

可查，环环相扣，最终建立一套跨境商品质检标准，形成完善的全球溯源网络及防伪追溯机制。从而打通线上线下的无缝融合，给予用户更加优质的体验。

同时将区块链技术应用于“格子优品”的人工智能设备，通过区块链的分布式信任机制及智能合约等方式，优化智能设备应用、规范智能设备行为，为消费者带来智能化的多场景消费体验。而在整个消费环节及智能设备应用中，通过区块链技术进行深入的数据分析，智能设备应用数据、品牌商品数据、用户消费数据、物流数据、各城市线上线下用户活跃数据等都将层级分明地被展示出来，形成完整的信任链。

在我看来，区块链技术对宝贝格子来说是确保产品质量、保证信息安全、进一步提升用户体验的关键因素。区块链技术可以更加简单、高效和低成本地获取数据和资源，进而实现资源的有效整合，创造更多经济价值和社会价值。

正是因为上述的布局和创新实践，宝贝格子夺得了“2016年中国电子商务诚信示范企业奖”“2016 年度中国互联网最具影响力电商企业奖”“2016 新三板竞争优势之星”“2018 年全国质量信用先进企业”等荣誉。我预计 2018 年宝贝格子可获得 7 000 万元的净利润，实际上在第一季度已经实现了 3 000 多万净利润的好业绩。

宝贝格子已成为中国最大的 B2C 母婴新零售平台之一，不过我对它有更高的期许。借助线上线下的布局和将区块链技术应用到线上及线下店铺当中，我希望宝贝格子能够在供应链溯源、新零售、人工智能等方面持续发力，能够带动行业向更加高效、智能、规范化的方向发展，引领新一轮行业变革，启动发展新零售的新引擎。

第三节　转战医护到家

2015 年 12 月 16 日，第二届世界互联网大会在浙江乌镇开幕，来自 120 多个国家和地区的 2 000 多名嘉宾和 600 多名中外互联网企业领军人物参加会议，就数字经济合作、互联网技术标准、互联网创新发展等方面探讨交流，展示了互联网前沿技术和最新成果。在会上，我作为国内互联网产业的代表受到了国家主席习近平的接见，认真倾听了习近平主席对于互联网产业的见解。

医疗、金融、教育一直是我关注的生活重点，它们与每个人的生活息息相关，而看病的“老大难”问题使医疗问题最先成为关注焦点。说起就医难，许多人都有切身体会。从挂号到排队，即使是身体能自理的患者都觉得麻烦，而不能自理的重病患者看病更是难上加难，要出动一家人来陪护，出院后还有很多护理的工作需要在家里做，然而要想把医生和护士请到家里太难。如果是孩子病了，家长就要向单位请假去排队挂号，孩子看完医生之后若要打针，还得在医院排队等着打吊瓶，整个过程时间长，不仅孩子不舒服，交叉感染的风险也很大。

我回忆起王淳为了怀上孩子在医院受过的累，她当时常对我抱怨在医院就诊的效率太低，还有身边员工为了给在家卧床的老人定期上药忙得焦头烂额，我心里便有了主意。中国老龄化程度继续加大，一方面，老年人口的数量不断增加，庞大的慢性病和失能、半失能老年群体在居家养老方面对医护有了更高的要求。另一方面，随着工作生活的节奏变快，中青年也希望能享受更有效率的医护服务。于是，我决定切入医疗行业，以“互联网+医疗”开创第一视频互联网生活的创新新篇章，做医疗资源的整合者，让人们居家就能享受到医护服务。

我们在对北京协和医院、阜外医院、中国人民解放军309医院等全国三甲医院以及望京社区医院、东湖社区医院等多家社区医院进行医疗资源的调查研究中发现，移动医疗行业的注意力都集中在优质医生资源的争夺中。俗话说“三分治疗，七分护理”，医疗护理的缺口是更大的痛点和刚性需求。

当前医生资源的竞争激烈，而在外围的护士资源的竞争却相对平静，而且护士群体是一个庞大的资源。护士这个职业一般有两个明显的特点，一是薪资水平相对较低，一线城市医院的护士月薪在5 000~10 000元左右，二、三线城市的护士月薪在4 000元左右，相比医生来说护士更希望通过一些兼职的平台赚取更多的收入。二是护士的业余时间比较充足，护士一年有近 1/3 的时间是空闲的，他们有足够的时间做一些兼职工作。

仅调查护士资源还不够，必须到有护理需求的人群中进行调研。在用户需求调查中，多位社区医院工作者表示社区医院根本无法满足行动不便老人的护理需求。在 10 位有医疗护理需求的老人中，社区医院最多只能满足其中 3 位老人的相应需求，也就是说有 70%失能、半失能以及行动不便老人的护理需求尚不能得到满足。这是医疗护理上的一大刚性需求，也是重大的医疗痛点之一。

我认为这个痛点正是互联网的发力点，必须全力以赴，设计出“互联网 + 医疗”的创新产品。2015 年国家正大力提倡通过各种改革大力发展基层医疗，借着这股东风，新组建的医护项目运营团队开始设计将护士上门服务作为切入点的移动健康护理产品。

团队借鉴了美国医生上门服务手机软件“Pager”和滴滴打车的业务模式，搭建连接医生、护士和患者的平台。当患者通过手机软件提出看病需求后，我们半小时内在后台完成风险评估，再放出订单让平台上的护士接单，最快两小时内就能有接到单的护士上门服务。护士前往患者家中后，双方完成确认手续，护士按照医院开具的医嘱来进行护理操作，完成后至少观察 20 分钟再离开。

2015 年 12 月，一款创新的“互联网 + 医疗”产品“医护到家”诞生了。

平台上线第一天，就有用户通过这一平台进行搜索，在医护到家平台上成交 6 单上门服务。不久，中国老龄协会老龄人才信息中心对医护到家的服务给予高度认可。中国老龄协会这时在积极尝试各种医养模式，他们认为，“互联网 + 医养”服务可以降低风险，减少护理人员的数量，是一种非常好的服务模式。医护到家平台在目前人口老龄化的趋势下，有效解决了 4 000 万失能、半失能老年人的上门护理需求难题。很快，全国老龄工作委员会为医护到家颁发了首个全国互联网医养服务试点单位执照，为全国不方便出行的老年人提供上门护理服务。后经北京市民政局批准，医护到家被纳入“北京通—养老助残卡”服务单位，同时医护到家也已成为北京医师协会理事会员单位。

医护到家成功推广后，也出现过不同的声音，他们认为我们的团队是以互联网技术和运营人才为主的，对于医护的经验明显不足，担心我们的服务做不好，对此我给出的答案是：经验对于传统的创业模式有一定的价值，但在互联网时代我们要借鉴经验，绝不能唯经验论。有些经验还是可怕的，接着我给他们讲了一个小故事。

有一个人把一种叫狗鱼的鱼放在一个用玻璃隔开的鱼缸中，鱼缸的另一半养着一些小鱼。狗鱼饥饿的时候，就想吃对面的小鱼，它几次想冲过去，可每一次都被玻璃挡了回来，从来没有成功过。多次失败之后，它明白了自己无论如何做，都是无法吃到那些小鱼的。

后来，那个人把玻璃从鱼缸中拿掉。这个时候狗鱼完全可以游过去捕捉小鱼了，可是经验告诉它：我吃不到那些小鱼，我也不到那一边去。于是，它放弃了吃小鱼的念头，最终饿死了！

后来人们把这种现象称作“狗鱼综合征”。这就是唯经验论所导致的失败。所以，对于创新团队，有时候并不是看他们的单项素质，而是整体素质，在经验与素质之间，要敢于做到“综合素质先行”。

数据显示，截至 2016 年 4 月，医护到家手机软件的下载量超过 500 万次，用户数量累计突破 70 万人次。2016 年 9 月 28 日，医护到家运营还未到一年，便作为中国区手机软件代表参加了美国硅谷举办的 2016 G-Startup 全球创新创业大赛总决赛。G-Startup 是一个为手机、物联网、云技术、虚拟现实等一切与移动互联网相关的行业搭建的创新创业平台，聚集了全球最具潜力的创业团队，最具创新精神的产品以及最具眼光的投资人。在比赛中，医护到家作为国内首个护士上门服务平台，采取合作分成模式和抢约优先机制开展护士上门、就医陪诊、中医理疗及慢性病回访等相关健康服务，上线仅 10 个月，月交易量已超过 500 万元，被比作移动医疗健康服务平台里的“滴滴打车”。最终医护到家夺得 G-Startup 全球创新创业大赛第三名，证明了我们这支年轻的技术运营团队针对医疗痛点，在互联网上的精准发力取得了成功。

前期医护到家将重点放在了为用户提供便捷服务上，今后将把重点放在加强护士监管、优化上门服务流程上，从而更好地服务患者。例如医护到家发布了中国首套 ICCINO（即保险、检查护士资质、检查患者药品和工具、健康指导和签订知情同意书、至少观察 20 分钟后方可离开）护士上门护理服务标准，已申请发明专利及 ISO 9001 上门护理行业标准，成为上门医疗领域的先行者和标准制定者。同时与中国人保和中国平安合作，免费为护士和用户双方投保，其内容包括医护人员和用户意外伤害险和医护人员的第三方护理责任险，此举有效地预防了风险和纠纷的产生。

如今医护到家作为中国首个共享护士平台，已迅速覆盖了北、上、广、深等 290 多个城市，认证超过 3 万名正规医疗机构的执业护士，是目前中国护士数量最多和用户规模最大的护士上门平台，为患者提供打针、输液、换药、采血、导尿等上门护理服务。与此同时，医护到家联合春雨医生、叮当快药、爱康国宾体检、金域医学检验、泰心康护等行业佼佼者为平台患者提供在线问诊、送药到家、健康体检、上门检验、护工护理等高品质的健康服务，构建移动医疗健康生态服务闭环，在短短一年半时间里，注册用户数量已近千万人。

相对而言，互联网的轻与医疗的重原本就有不匹配的地方，但我们经过努力使互联网很轻的事落地了，还得到了商业伙伴和体制内专业人士的认可。看到如今不仅是用户，还有护士和医生都接受了医护到家，我备受鼓舞。

医护到家只是我通过第一视频在医疗领域布局的第一步。我希望能让医疗过程更有效率，让医疗资源更加平衡，给老百姓带来实实在在的便利，让人们能享受到先进的互联网科技成果，提高健康服务的质量。我希望未来可以打造一个居家医护的生态圈，将医护和商业结合起来，例如可以联合养老机构、检测机构等；同时打造中国最大的护士集团，通过护士这一真正连接患者的媒介来带动其他资源，把健康管理人群进一步扩大，从临床领域发展到预防和养生领域。

2015 年 12 月，医护到家联合北京协和医院、北京大学人民医院、中山一院、南方医院和上海瑞金医院等 1 000 余家三甲医院的护士创办国内首个护士集团——三甲护士集团。数据显示，集团内认证执业护士接近 5 000 人，其中 80%来自全国三甲医院，能够为全国 156 个大中城市提供健康服务。2016 年 1 月，医护到家成为全国首家互联网医养服务试点单位。

2017 年 11 月，医护到家又经政府批准授予牌照，开设了朝阳区护理站。护理站配备了护士、康复师和营养师，与医护到家平台打通，作为北京地区第一家实体试点来尝试与社区医院和二级医院的联合互动，为患者提供上门服务。

医护到家从 2017 年下半年开始尝试基于定位服务的诊所搜

索，经过与官方和民间医疗资本沟通后，我们发现可以运用云端大数据来做客户关系管理（CRM），这为分级诊疗下沉到社区带来了积极影响。通过大数据进行健康管理，可以提醒患者养成良好的习惯，降低患病概率，减少医疗保险费用，根据用户既往的用药记录及药效，动态调整药物剂量，避免药物滥用及其引起的副作用，并为新药研发提供数据支持。

第一视频对互联网医疗一连串线上线下的布局的消息一出，引起互联网医疗界的极大反响。人们纷纷问我，在政府政策收紧，严管互联网医疗的当下，第一视频是怎么得到政府青睐并成功布局的。我想这与我们重视居家养老的护养概念和文化，并实打实地去执行是密不可分的。

目前我国慢性病患者超过 3 亿人，慢性病负担占国家疾病总负担的 68.6%，此外，我国有 4 000 万失能、半失能老年人，这一庞大的慢性病和失能、半失能老年群体无疑对居家医护提出了极高的要求。中国素来提倡孝道，而今天的养护与道德上的孝子无关，很多时候我们发现并不是子女没有心、没有钱去护理老人，而是没有时间也找不到合适的护理人员来护理。

在这样的时代和社会背景下，我们所推广的居家养护新概念到底是什么？我认为，其实就是在“互联网 + 医疗”的模式下，定期地关怀和专业护理。对失能和半失能老年人，医护到家的护士可以提供专业护理服务。另外护士对于慢性病的老年人可以提供简单的体检和测试，能够对老年人的生活做一个指导，这就形成了居家养护的新概念。从居家养老到居家养护，一个“护”字改变了人们的旧观念，认识到了科技迅速发展带来的便捷。“养护”使人们真正地登上了健康快车。

在医护到家的服务中，有大量的真实案例体现了居家养护的概念和优势。

例如北京有一位60岁叫陈莉的老人，老人患脑梗死，长期卧病在床，导致多器官功能萎缩，无法正常饮食，同时身上还插着尿管和没有及时更换的输液器。家里只有她和老伴两个人住，虽然老人有一儿一女，但子女工作非常忙，没有时间来照顾老人，所以患病老人的卫生不是特别好，老伴在护理老人的身体健康方面也欠缺专业知识。老人的儿子通过医护到家平台预约到康玲护士（北京肿瘤医院，10年临床护理经验），康护士不顾老人的卫生状况，一边给老人擦拭身体，一边指导患者的老伴如何护理患者，并熟练地给老人换上胃管。由于老人家里经济条件一般，护士还免费给老人更换了新的留置输液器。

住在上海的92岁的郦成华老人。他患有肺炎、偏瘫、吞咽功能失常。他曾经在复旦大学附属华东医院治疗，老人情绪不好又特别不配合。患者的儿子面对老人因病带来的情绪束手无策，只好带着老人去医院就医，由于患者儿子不是专业的护士，在照顾老人的过程中心有余而力不足。这可能让外人误认为儿子不孝顺老人，给儿子造成压力。老人无法正常进食，需插鼻饲管，老人的儿子在知道有医护到家这个健康平台之后，就用平台约到朱蕾护士（复旦大学附属华东医院，7 年临床护理经验），朱护士上门后非常有耐心，经过不断劝说后老人非常配合。朱护士非常细心，在服务完成后叮嘱老人按时吃药，不要受凉，以专业的医学知识为老人解除了身心痛苦，更让人称赞的是朱护士特别关心患者的情绪，告诉患者儿子要经常陪老人聊聊天。朱护士每次上门前都跟老人的儿子联系，还会做备忘和健康指导，耐心嘱咐家属，令老人的家人很感动。这种养护把医患关系变得和谐，而且还通过护士的善行促进了患者家庭关系的和谐。

陕西省西安市有一位 88 岁高龄的张教授，他曾在一所大学任教，因脑出血引起进食吞咽困难，他患病已有 4 个多月，虽意识清晰但却卧床不能起身，一直进行鼻饲。后来张教授将管拔掉，偶尔吃几口流食，但身体营养明显跟不上，急需插管鼻饲。张教授的儿子多次劝老人，可他就是不听，这让儿子非常着急。这时，一位朋友向他介绍了医护到家能约护士到家里服务，他知道后就打电话咨询，了解到真能约到医院在执护士为父亲插鼻饲管后，张教授的儿子通过医护到家平台预约到史亚娟护士（陕西省人民医院，10 年临床护理经验），史护士到患者家里为张教授插上了鼻饲管，并细心告知家属鼻饲和日常护理的注意事项。这让张教授的儿子很满意，他觉得这为他解决了照顾老人的大难题，可以让他更放心地去工作。

从这些真实案例中我们可以看到居家养护庞大的刚需市场，

而要想把养护服务做好，除了技能，爱和社会责任感同样不可或缺。

中国古代哲人说过“善小常为”。英国也有一句谚语叫“赠人玫瑰，手有余香”，意思是一件很平凡微小的事情，哪怕如同赠人一枝玫瑰般微不足道，但它带来的温馨也会在赠花人和爱花人的心底慢慢升腾、弥漫、覆盖。在生活中，我们都应该有这样的意识。

有一个禅宗故事就暗示了这一道理。

山前有座庙，山后有块荒地。这天，师父带着小和尚扛着锄头，来到了荒地锄草。小和尚说：“师父，我们除掉这些杂草在上面种什么呢？”师父说：“种花！”小和尚很吃惊地说：“除草种花，谁来看呢？”师父说：“山外的人。”小和尚满脸疑惑地说：“为什么必须种花？”师父说：“为了庙里的香火！”小和尚不能理解了，为了香火就必须种花，种花和香火有关系吗？庙里香火不盛，这山后又能有几人来？

几天后，师徒俩除完草，在荒地上撒了许多花种。过了一段时间，从荒地里钻出许多新芽，师父就带着小和尚给新芽浇水。一年过去了，那些花种都长成了一株株花树。等到第三年，几乎所有的花树都开花了，一片一片的花争奇斗艳。山外的人呼朋唤友地来看花。与此同时，人们又开始到庙里上香了。

小和尚看到这一切，感叹师父当初在荒地种花是多么睿智：有了花，就有了看花的人；有了看花的人，就有了香客。为别人种花，其实也是为自己种花。

很多事情是相辅相成的，为别人种花，其实也是为自己种花，和“赠人玫瑰，手有余香”的道理是一样的。在我看来医护到家作为一个“互联网 + 医疗”的创新商业模式，其社会责任尤其重大。

管理学大师彼得·德鲁克说过：事业是什么？必须由顾客来定义。事业并非由组织内部给予定义，而是由组织的外部，也就是顾客及市场的期待与需求来定义。他还强调：必须弄明白企业靠什么获取利润，不单是企业的内部环境，市场、顾客等企业的外部环境也是定义事业的重要因素。我们定义从事的这项事业，并定义我们是一家这样的公司，必须从外部的观点反推回来才行，不能只从内部的逻辑来看。

我想，第一视频的医疗事业之所以能增长迅速，是因为我们不仅将它看作生意，还将它看作善行善举，将保障老年人的基本健康放在首位，着力保障特殊困难老年人的健康养老服务需求，把自身建设与善心善行有效地结合起来，让移动医疗慈善惠及亿万家庭。

居家养护的新概念产生于信息化的市场前沿，同时也是破解社会就医难的抓手，推广一个新概念仅仅靠企业力量是不行的，必须搭上政府医改政策的快车。李克强总理在 2016 年的政府工作报告中指出，“健康是幸福之基”。为了夯实大家的“幸福之基”，解决“看病难”的问题，国务院这一年在医改领域下了不少工夫，出台了多项政策：增加中医医院，推进医疗大数据，扩大医保支付范围，抑制药价虚高……条条医改“药方”都切中症结。国务院出台的政策从顶层设计为医改开道，提出在200个公立医院综合改革试点城市开展家庭医生签约服务。到2017年，家庭医生签约服务覆盖率已达到30%以上，重点人群签约服务覆盖率达到了60%以上。

有了政策的保障，我们推广“养护”新概念如虎添翼。有人说居家养老的观念根深蒂固，让老百姓接受新的养护概念不容易。这就需要我们用正确的方法去推广，不能与养老的传统观念对立起来，而是要在居家养老的观念上推陈出新，使大家认识到“科学养护”的重要性。我相信，养护文化通过在社会实践中的不断丰富发展，一定会在充满养分的“互联网+医疗”的土壤上开出鲜艳的花朵。

第四节　回归孵化器

星期二的晚上，北京昌平区的一个小区中，30多岁的王女士正要督促5岁的儿子练琴。她打开客厅里的钢琴，将手机用支架支好后放在钢琴上，打开手机里一款名为“柚子练琴”的软件。

手机上出现一位年轻女性的脸，双方打过招呼，调节了下手机摆放的角度，确认声音清晰，能够通过手机摄像头看见坐在钢琴前的孩子之后，孩子便开始弹奏起来。听着孩子的弹奏越来越流畅，优美的旋律让王女士的心情放松下来，一扫白天紧张工作带来的疲惫，她一边听，一边收拾孩子玩了一地的玩具，时不时朝孩子的方向看一眼。

自从有了柚子练琴的网上陪练服务，孩子的练琴效率大大提高，原来由于家离市区远，难以找到优秀的陪练老师上门陪练。孩子刚开始学琴，王女士便担心不能坚持下去，就从神州租琴公司租赁了一台全新的钢琴先让孩子试试，没想到和神州租琴一起尝试的这一陪练服务让她欣喜不已。孩子的琴技进步很快，对钢琴的兴趣也越来越浓，虽然她并不期望孩子将来从事音乐方面的工作，能把弹琴作为爱好陶冶性情就足矣，她打算下个月就把租来的琴买下，让孩子一直弹下去。

王女士用到的神州租琴和柚子练琴正是第一视频在教育板块的一项尝试，为了加快创新步伐，我给了第一视频下有创新点的几项新业务两年的自由成长期，让他们大胆创新，且不受利润限制，神州租琴和柚子练琴正是第一视频早期孵化项目中的一对。

那么我为何要涉足艺术教育，尤其是幼儿教育这一领域？这要从我对教育的观察说起。

自从两个儿子出生后，我对教育的关注比从前多了很多，看着他们一天天长大我满心欢喜。然而在我的印象中青少年犯罪报道屡见不鲜，翻阅相关资料时，一份来自中国青少年犯罪研究会的统计资料让我感到震惊。近年来青少年犯罪总数已经占到了全国刑事犯罪总数的70%以上，其中15~16周岁的少年犯罪总数又占青少年犯罪总数的70%以上。青少年犯罪、环境污染与吸毒犯罪，被称为“世界三大公害”。目前，我国青少年犯罪呈现出人数增多，向低龄化、团伙化、恶性化发展的趋势，对社会稳定造成了极大危害。青少年犯罪已经成为各方都需要关注的社会问题。

我回想起20世纪80年代改革开放以来，虽然物质方面发展迅速，但我们也在生存的环境和精神的环境上付出了很大代价，尽管涌现了许多有积极意义的新思想、新事物，但暴力、色情文化也相伴而生，而处在青春期过程中模仿能力强、易受外界影响的青少年就成了最大的受害者。俗话说“老吾老以及人之老，幼吾幼以及人之幼”，看着自己的孩子得到良好的教育，我也希望天下所有的孩子都能快乐健康地成人和成才。那么，我和第一视频能做些什么呢？

意大利著名刑法学家贝卡里亚曾说：“预防犯罪要比惩罚犯罪更高明。”据统计，在成年累犯率中，7/8的人曾为违法犯罪少年。初犯年龄在11周岁以下的，有65%会再犯；初犯年龄在12~15周岁的，其再犯率为54%；初犯年龄在16~21周岁的，其再犯率为46%。也就是说，需要在幼儿阶段就开始预防犯罪，通过各项措施对孩子施以正面的影响。

学校是青少年度过大部分时间的场所，学校的教育对青少年人文科学文化知识的积累、品德的养成与人格的塑造有着重大的影响和作用，尤其是中小学阶段是青少年能否健康成长的关键阶段。在当下教育体制继续由应试教育向素质教育转变的过程中，教育在朝着德智体美劳各方面更为均衡全面的方向发展，回忆起我小时候的成长环境，由于父亲的工作与艺术教育沾边，家中常常会聚集一群弹奏各种乐器的孩子，至今我还能记起他们带来的那种快乐且积极向上的氛围。父亲曾告诉我，艺术会带来心灵上的洗涤，所以热爱艺术的孩子不容易变坏。我想，幼儿的艺术教育会不会是个可选择的方向？

考察市场后，我发现儿童发展心理学在国内有很大的发展空间，幼儿艺术教育是个有潜力的市场。从教育投资回报率的角度看，孩子年龄越小，对其进行的教育投资的回报越大。再从人性的角度看，孩子越小，家长对其期望也越高，期望孩子成为建筑师、科学家、律师、艺术家……家长不希望自己成长过程中的遗憾重现在孩子的身上，于是宁可自己省吃俭用也必须在孩子身上大笔投入，给孩子报各种辅导班、兴趣班。而成人教育，例如考研和职业资格证书，成年人会分析通过率等指标，与父母对孩子那样无私的投入相比，反倒显得“斤斤计较”。可以说家长对于孩子的期望和教育投资的意愿也随着孩子年龄的增长而减少。

2011 年我国开始实施“双独二孩”政策，2013 年开始实施“单独二孩”政策，到了 2015 年 10 月，全面放开二孩政策，随着新政策下出生的孩子们渐渐长大，幼教市场呈现爆发式的扩张。

2017 年，为了顺应这波“二孩潮”，我推出了神州租琴服务，尝试从租琴切入艺术教育。之所以选择这一切入点，是因为在调研用户需求的过程中，我们发现很多孩子之所以学琴完全是家长的一厢情愿，往往家长给孩子买来钢琴后没多久孩子就失去了兴趣，钢琴也闲置了下来。仅是我听说的就有家长花 20 万元给孩子买了台钢琴，半年后再以 15 万元低价转手。针对这个需求痛点，神州租琴提出“全新钢琴随心租随心退”的理念，提供全新钢琴的长短租服务、续租服务、租转购服务，用户可以先以一年 1 000 多元的租金租下钢琴，等到确定真的有购买需求后再选择购买。

神州租琴受到了用户的欢迎，第一年就在北京和沈阳租出钢琴数百台，并且已经开始盈利，未来还会在更多一线城市开展服务，并扩大乐器的租赁种类。接着我们又发现在学钢琴的过程中陪练也是一个用户需求。学琴的孩子通常白天在幼儿园，由于父母忙于工作，一般一周才去上一次钢琴课，练琴通常在晚上或周末。因为家里缺少人指导孩子练琴，钢琴平日在家里的利用率并不高。那是否可以单独请陪练老师上门指导呢？我们发现一方面，很多愿意付费的家庭不希望有陌生人到家中来。

另一方面，有很多老师是年轻女性，她们也不敢轻易上门，尤其更不敢在晚上去偏远的地方教琴，这导致钢琴在家里的利用率不高，孩子因练习得不到及时纠正也进步缓慢。针对这一尴尬处境，我推出了柚子练琴这一真人在线一对一的视频陪练服务，钢琴老师在手机软件上注册，经过测试后加入到我们的教师库中。当有用户提出陪练需求，老师接单，平台确认后，老师通过视频就能够轻而易举地看出和听出学生在练习时存在的问题。

这项服务首先为家长省下开支，上门陪练服务的市场价格为每小时 150~250 元，而柚子练琴的价格仅为其一半甚至是 1/4。其次又让老师省下了出行的时间，按照一节课 25 分钟计算，现在老师一晚上可以通过视频陪练三四个孩子，赚取的报酬并不比出门一晚上低，这样既能在家照顾自己的孩子和老人，又能降低夜间外出的风险。

柚子练琴自 2017 年推出后，通过租琴和练琴的联动，目前累计注册用户数万人，而我对这个市场的预估潜力为 3 000 万人，可以说这是一个垂直的小而美的市场。未来我期望以钢琴作为声乐乃至艺术教育的突破口，以互联网平台为载体，以线下精细化运营为辅助，打造出一个有品质、精细化、富有工匠精神的艺术教育品牌。

青少年的健康成长关系到亿万家庭的幸福，关系到社会的和谐与稳定，更关系到国家和民族的未来。我想，未来应当让钢琴和其他乐器进入更多寻常百姓的家中，不只是把弹琴作为特殊的艺术对孩子进行培养，而是让这种艺术教育与义务教育形成互补，完善素质教育，让更多孩子乃至成人都能沐浴在艺术的氛围中，获得心灵的滋养。

如今，为了实现更稳健、更快速的发展，我将神州租琴和柚子练琴放回到第一视频集团下进行孵化，与其一起回归集团孵化器创新尝试的还有虚拟现实（VR）和快兔出行。

第一视频在数字新技术的应用上一直在进行着创新和尝试，并在娱乐产品上进行试水。例如2016年，第一视频创新的焦点就落在了虚拟现实技术上，而这一出手就是一张“收费牌”。

虚拟现实在20世纪60年代初首次被提出，是指借助计算机系统及传感器技术生成一个三维环境，制造出一种崭新的人机交互状态，通过调动用户的所有感官（视觉、听觉、触觉、嗅觉等），带来更加真实的、身临其境的体验。这种技术可广泛应用于游戏、新闻媒体、社交、体育比赛、电影、演唱会、教育、电商、医学、城市规划、房地产等领域。

打个比方，人入睡后做梦是无意识且无法控制的，但是白天闲来无事时，人们的大脑中时常会涌现许多奇思异想——环游世界、去太空旅行等，让人沉浸其中。这种白日梦由意识来控制，是清醒时脑内所产生的幻想及影像，通常是开心的念头、希望。白日梦就像梦的画面一样，有时会影响情绪，让人亢奋。关于白日梦的种类，心理学家目前仍未“定案”。现在出现了一种眼镜，只要戴上它，人们就能感受到上述白日梦带来的沉浸感，这就是 2016 年开始呈爆发式增长的虚拟现实眼镜。

好奇心驱使我早早地体验了“魔镜”的魅力。在一家科技中心，我戴上虚拟现实眼镜体验了宇宙之旅。我仿佛坐在一艘飞船上，去到了浩瀚的宇宙，像航天员一样看到太空中的场景。我飞过明亮的金星前往火星，一块陨石与我擦肩而过，好险！火星上有火山，还有地球上前所未见的峡谷。木星上的大红斑有地球的三倍大，而且已经持续成千上万年。土星的卫星泰坦，拥有类似地球的地形，但是泰坦星上的河流、湖泊和海洋，并不是由水构成的，而是液态甲烷和乙烷。太空中奇幻的色彩令我目不暇接。体验完太空之旅，我又戴上虚拟现实眼镜进入游戏世界。我一下来到了硝烟弥漫的战场，手中紧握冲锋枪，敌机在我的头顶上飞过，我端起枪一阵扫射，敌机被打得冒着烟向地面坠落。接着，我看到火光一片，远处传来飞机巨大的爆炸声，震耳欲聋。

在上一个十年里，第一视频尝试过视频联播等技术创新，如今在新的软硬件环境下，我期待第一视频能有一个新的技术创新点，而虚拟现实无疑让我眼前一亮，虚拟现实技术应用领域广泛，在产品生产方面还是一个新的天地，这是一个富有潜力的新产业。这一产业立足于 R（Reality，现实）技术，可以是虚拟现实，也可以随着技术进步演变成 AR（Augmented Reality，增强现实技术）、MR（Mixed Reality，混合现实），而我认为今后最有前途的技术是 MR。

基于这样的判断，我提出视频“R 战略”，提出“没有 R 就没有未来”。2016 年初，第一视频开始尝试推出虚拟现实板块，在短短几个月内拍摄了以娱乐、汽车、美女为主题的几十部虚拟现实原创作品。2016 年 3 月，第一视频手机软件上线全景虚拟现实内容聚合平台，涵盖环游世界、新番动漫、极乐玩家等多种虚拟现实短视频分类，还吸引了包括 UNREALPLUS 、FANC VR、VR800、UtoVR、VR 热播、三目 VR 等众多行业领先的虚拟现实内容平台入驻，可谓是国内最全的虚拟现实内容聚合平台。除了线上，在线下第一视频也开创性地推出了虚拟现实实验室，不断实验探索，将应用和用户体验做到极致。同时第一视频还联合一些线下体验店进一步增加用户对虚拟现实体验的触点数量。

2016 年 6 月，第一视频首次尝试虚拟现实付费内容，并在 7 月推出了中国首部虚拟现实公益片《韩红爱心百人援甘》，取得了非常好的社会反响。试运营一段时间后，2016 年 9 月，第一视频将全景虚拟现实从虚拟现实板块里划分出来，成为独立产品，正式上线“榴莲 VR”App，同时启动第一视频新媒体泛娱乐业务集群，并正式成立了演艺中心，专项发展“虚拟现实 + 明星、演唱会”等版权项目。最令人瞩目的是，这是国内首家虚拟现实收费平台。除了免费内容，榴莲 VR 对于精品原创内容实行付费制，内容覆盖旅游、新闻、时尚、娱乐等领域。

2016 年 11 月 5 日，榴莲 VR 与谭维维携手开创中国虚拟现实环境演唱会的先河，全程 VR 直播谭维维“给你一点颜色”演唱会，并与今日头条等多个媒体平台达成战略合作。演唱会当天在线观看人数逾百万，虚拟现实直播在线观看人数超万人，在收获了广告收入和口碑的同时，大幅度推动了付费会员数量的增长。除此之外，与谭维维演唱会的合作首次实现了虚拟现实拍摄设备登上演唱会舞台中心位置，并实现了业界首个多机位切换的虚拟现实演唱会直播。

这场演唱会实现了五个第一：第一个打通了会员付费、硬件捆绑等收费模式；第一个提供虚拟现实设备现场租赁服务；第一次将虚拟现实设备置于舞台核心位置；第一次与线上票务平台联合售卖电子票；第一次实现首个应用市场上的虚拟现实特权活动。榴莲 VR 打通了虚拟现实产业各个环节，包含上游的内容生产、技术升级、商业模式的完善，以及下游的平台搭建、内容分发和头显设备的支持，逐步成长为虚拟现实产业链条的核心。

榴莲 VR 为第一视频集团基于虚拟现实技术打造的虚拟现实互动娱乐平台，结合虚拟现实全景直播、3D 交互、移动互联网等创新技术，给用户更直观的体验和感受，通过会员付费、虚拟现实直播及硬件商城等项目，布局虚拟现实市场垂直内容消费领域，使虚拟现实直播成为平台特色。榴莲 VR 拥有较为完善的营收模式和产品，目前正在虚拟现实视频业务方面进行全方位布局，并以虚拟现实直播为主打项目，推进虚拟现实新技术在演艺、娱乐方面的实际应用。

2016 年虚拟现实内容市场规模为 55.6 亿元，2020 年市场规模大概在 550 亿元左右，而且 60%的用户愿意为好的虚拟现实内容付费。我希望未来榴莲 VR 能通过独家和高质量的内容来提升用户黏性，培育市场，从而形成可持续的良性循环。

除了关注创新科技外，我也格外关注创新模式，第一视频的共享出行品牌“快兔出行”便是其中一例。

2016 年 11 月，在浙江乌镇召开的第三届世界互联网大会上，一辆“世界首款无锁单车”小绿车吸引了人们的视线，这是第一视频旗下品牌快兔出行的首款产品。要在竞争激烈的共享单车市场里进行创新可不容易，而我更不愿意跟风。我想只有另辟蹊径，才可以在不知不觉的情况下超越对手。

我将快兔出行的战略定位为“电自联动”，即不仅有共享单车，还有共享汽车，通过移动互联网、共享单车和分时租赁的共享汽车的结合，帮助人们解决 50 公里以内路程的出行问题。第一视频一直在研发以清洁能源电动车替代燃油车的技术，让电动车和自行车联动组合，不仅能解决电动车最后 3 公里的落地难题，还能更适应城市里复杂的交通状况，并且全程绿色环保。使用快兔出行的共享单车很简单，无须开锁，只需扫描车身上的二维码或在手机移动端下单即可开始用车。快兔出行的共享汽车分时租赁业务为用户提供免费充电、免费停车、全国救援和异地还车等完善的配套服务，以大数据技术支持精细化运营，实现了车、桩、点智能互联，保证每个运营网点都配备固定的共享汽车专用充电桩。

快兔出行是第一视频在移动互联网联动出行方案方面的一项创新尝试。尽管目前共享出行的市场还有待发展，“电自联动”显得有些超前，但对于这类创新且有前景的项目，我会给予它们时间和资源来调整，目前快兔出行与其他早期孵化项目已回归集团孵化器。集团孵化器只是这些创新项目的暂时归宿，我期待着它们在得到集团更多资源的支持后的再度出发！

第五节 不一样的创新

“苟日新，日日新，又日新”。创新，是一个民族进步的灵魂，是一个国家兴旺发达的不竭源泉。创新是习近平主席治国理政的核心理念之一，在党的十八大召开后的五年里，不论是重要会议还是地方考察，习近平主席都常常在不同场合反复强调创新的重要性，指出实施创新驱动发展战略是加快转变经济发展方式、提高我国综合国力和国际竞争力的必然要求和战略举措，要“把创新驱动发展作为面向未来的一项重大战略实施好”。在 2015 年 10 月党的十八届五中全会上，习近平主席提出

“创新、协调、绿色、开放、共享”的五大发展理念，在新发展理念中，创新赫然居于首位。自 2015 年开始，“双创”一词连续四年被写入政府工作报告。2018 年政府工作报告提出，促进大众创业、万众创新提高水平，并提出打造“双创”升级版。

从商业角度来看，企业的竞争，说到底也是创新能力的竞争，创新可以说是企业赖以存续的发动机。那么，作为一个企业家，该如何去创新？习近平主席的一番话给了我很大的启示，他说：“创新是多方面的，包括理论创新、体制创新、制度创新、人才创新等，但科技创新的地位和作用十分显要。”

为了给企业提供持续的科技创新动力，2017 年 5 月，第一视频成立了研究院，专注于业务、产品以及商业模式的孵化和磨合，研究院在解决集团内部云平台和数据的集中和分享问题后，结合即时通信技术、增强现实技术和虚拟现实技术，不断提升用户体验，积极探索互联网医疗等领域。在第一视频研究院成立后半年内，就申请了十几项专利，在整合集团业务数据方面也迈出了第一步，为未来更精细化的运营打下了基础。

在制度上，2014 年我在第一视频内部成立了一个由各业务一把手组成的新项目审核委员会，开始鼓励各层级的员工积极创新，如果员工有好的创业点子，他们可以提出思路和计划书，提交给委员会讨论和论证，如果论证通过就能得到集团投入的天使投资，员工就可以“招兵买马”开始创业。

有人问我，新创项目能够存活下来的概率不到 1%，为什么要做这种天使投资人？就像我常开的玩笑所说："鸡都还没有长大，你怎么让它下蛋呢？"作为投资人，我认为应当鼓励投身中国创业潮的创业者变得足够勇敢，而不是以追求快速回报的心态去对待创业和创新，纵观中国"双创"，年轻人是主体，我想，互联网是一个智力密集型行业，不仅存在着流量黑洞、虹吸效应，也存在着人才黑洞，然而仅仅靠高薪无法留住顶级人才的心——他们往往心怀创业梦想，那么我为何不成为伯乐，提供平台、期权和股权，用内部创业机制提供一块试验田供这些人才尝试呢？即使失败，也锻炼了他们的能力。与其说这是在成就创业者，不如说是在成就包括我在内的所有人。事实上从 2014 年起，这种内部创业机制就不仅为第一视频注入了新活力，留住了许多高手，还从中诞生了成功的项目，例如，医护到家正是根据一线员工集思广益后形成的计划而创立的。

我在斯坦福大学与谢德荪共同探讨如何以"源创新"理论服务中国"双创"后，对中国的"双创"有了进一步的认识。整体而言，美国在创新方面专注的是"从 0 到 1"的事情，是理念、技术、模式诞生的地方，中国近几年也开始出现了真正意义上的创新，但大部分的"双创"还是在做"从 1 到 N"的工作，就像是创新的复制工厂，将好的创意引入中国后，以庞大的人口基数和刚性需求使其迅速发展成长。其中甚至还存在一些技术和资金相结合的套利行为，如果不改变此种状态，会对中国市场未来的发展产生极大的危害。

对于第一视频的创新，我始终认为是应努力向价值链的头部去奋进，诞生出更多真正属于自己的技术和理念，我们应当做“从 0 到 1”的工作。基于这样的思路，2018 年 3 月，第一视频与美国斯坦福大学的斯坦福创业学生商业协会（Business Association of Stanford Entrepreneur Students）签署合作协议，支持该组织每年举办的学生创业比赛“BASES Challenge”，并希望以此为契机，融合中美两地尤其是硅谷的新锐创业者、投资人、极客，打造一个最有影响力和启发力的中美跨国创新论坛，而我自身也会从创新的实践者转变为创新的孵化者、助推者和耕耘者。

第一视频在科技和机制方面对于创新的支持之举有很多，不过在我看来，这些只能算作创新的“标配”——任何企业想生存下去都需要有这些方面的支持。而真正让第一视频在创新上有别于他的特殊之处，应当说还是“有所为，有所不为”的理念。

“有所为，有所不为”，展开讲即是：利国、利民、利于股东的事可为，不合法、不合规的事不可为；创新、有前景的事可为，只有短期利益而无技术含量的事不可为。

正是在这种选择下，我反对一度在互联网行业里流行的“鸟大了什么林子都有”的行为。我要求第一视频坚持“先造林，后养鸟”，要求所有业务必须合法合规，执照皆全，开展业务前必须先申请执照。在日新月异的互联网行业里这种谨慎曾被人嘲笑速度太慢，但如今回头再看，正因为守规矩，第一视频才成了行业里牌照最全的企业，而很多牌照——例如视频新闻牌照、互联网医疗服务牌照等——已经停止了新牌照的审批。

当政府暂停互联网彩票销售后，我们立刻响应政策调整暂停相关业务。我还记得当时彩票团队为了转型来找我，业务负责人很高兴地告诉我他们开始尝试转型约彩服务。我当时就给他们泼了盆冷水，我说我只有一个任务要求，就是搞清楚约彩是不是合规的。于是彩票业务负责人找了国家福彩中心、体彩中心、民政部，被告知约彩不是网络销售彩票，但也没有明确的政策来探讨利用网络来推动彩票销售是否合法。最后，由于我对约彩的合规性和前景的顾虑，冒着巨大的政策不确定性的风险去发展业务是我不愿意做的，于是我就继续和彩票团队一起寻找其他方向。最后，我们决定将全部关停的彩票业务团队从第一视频中脱离出来，由我个人和原来的管理团队共同出资组建了以“互联网+体育”为主要方向的“疯狂体育”，这才最终有了今天的“疯狂体育”这一体育网络社区“独角兽”。

除了不开展不合法和不合规的业务以外，第一视频对于盈利但缺乏创新和前景的业务也抱着“慎为”的态度。尽管我认为“没有盈利的商业模式就是要流氓”，但其实第一视频也砍掉过不少盈利的业务。例如2010年前后团购兴起，当时也有员工提出做团购业务的创业方案，经过批准后在2010年第一视频启动了“V团”的团购品牌。在业务发展过程中，我发现团购业务流水还不错，但是利润低。业务负责人告诉我，如果要提高利润率，在“百团大战”中轻松地让业务发展下去，最简单的办法就是找一款假货，这样就能获得高利润。我当时判断只靠流量变现来获得流水并没有什么创新含量，也没有发展的大潜力，更不能让第一视频卖假货，于是尽管处在盈利状态，我还是在 2011 年关闭了团购业务。

商界瞬息万变，互联网尤其是一个极速发展的行业，当年创业时不少曾经辉煌过的企业如今都已不复存在，而第一视频能够生存至今，并且从快速生长期转型到“互联网 +”的发展阶段，我作为掌舵者最深刻的心得便是坚持创新和“有所为，有所不为”的理念。

正如习近平主席所说，“惟改革者进，惟创新者强，惟改革创新者胜”。未来，我和我的团队将继续坚守我们的理念，通过创新培育第一视频发展的新动力，以创新塑造更多引领型发展项目，因创新而强，因创新而胜。

第七章

重　构

第一节　是希冀，是荣光

生是偶然，死是必然。一切事情，顺其自然。

2018年有太多难忘的事，恍如戏剧，得与失，跌宕起伏，令我对这句话有更深的体会。人生除了死亡，其他东西仿佛都是不确定的，没有人知道未来会怎么样。但在有限而不确定的人生中，精彩的游戏人生，不就是人生的美妙所在吗？

2018年12月25日，我尊敬的父亲安详辞世，享年一百岁。作为一名久经考验的共产党员，父亲奉献一生，见证了时代的巨变，中国的崛起，后代的兴盛，无憾辞世，长眠八宝山。令我感到欣慰的是，虽然当时我身在美国，但一直通过手机视频与父亲和家人保持着紧密的沟通。网络无远弗届，“天涯若比邻”曾经只是幻想，父亲于暮年之际，通过微信和故交聊天，通过视频软件与远隔重洋的子孙互动，每天过得充实美满，此生无憾！

缅怀父亲，回想过去，我百感交集，千言万语涌上了心头。父亲出生时正值动荡的时代，世界经济大萧条，没人知道明天的世界会怎么样。而我出生的1963年，也是充满不确定的一年，父亲对我最大的期望是温饱足以，健康长大。当时生存对很多人来说就是一种希望。

父亲张森林同志一生“听党话、跟党走”，在国家民族灾难深重的时刻，父亲毅然投身革命，紧随中国共产党的脚步。在党的培养和领导下曾负责多个领域的工作，其中最让他牵挂的是国家教育事业的发展，父亲生前多次强调“民族复兴关键在教育”，并一直希望成立公益基金为教育事业再多做些贡献。他“守正一生，志在强国”，一生大部分时间都奉献给了文教事业，离开家乡后，他始终关心家乡安平县教育事业的发展。父亲认为“民族复兴关键在教育，文化兴民族兴，教育强国家强”。

父亲曾在回忆录《梦回吹角连营》中形容当代的青年思想：

（一）

强烈民族自尊心，政治大事很关心。
国家前途系在心，极强民族责任心。
信仰明显该多元，偶像趋于多样化。
思想理念不定型，引导空间可缩性。

（二）

青年思想较活跃，涉猎知识较广面。
求知求变意识强，浓厚兴趣求新知。
知识经济有准备，新技术求知欲强。
光缆网上众信息，独立意识待开发。

（三）

充满自信知识丰，事业上渴望成功。

立志成才超前辈，成功成才猎机会。

事业成功看得易，困难不利缺准备。

幻想取巧走捷径，毅力恒心需教育。

（四）

当代青年较务实，时间效益观念强。

选择专业虑前景，价值取向重实用。

原则交还用人际，有所削弱责任感。

渴望有情人关心，世纪重任育青年。

（五）

思想总体是健康，积极教育成果显。①

为完成父亲的夙愿，用实际行动促进基层教育事业发展，我向中国宋庆龄基金会捐赠100万元善款，设立“中国宋庆龄基金会张森林教育基金”，奖励河北省安平县基层优秀教师，以弘扬尊师重教的社会风尚，促进中国经济欠发达地区基础教育事业的发展。此次向中国宋庆龄基金会捐赠的100万元善款中有一部分正是父亲生前勤俭节约攒出来的，此基金将用于助力基层教育事业发展，让更多的人关注、支持国家教育事业。这也是中国宋庆龄基金会第一个以个人名义成立的基金。

---

① 张森林，《张森林文集：梦回吹角连营》

在我国第三十五个教师节的日子，我回到了我的红色故乡——河北省安平县，这里也是我父亲的故乡，安平是革命老区，这里诞生了全国第一个农村党支部，是冀中抗日根据地的诞生和发祥地。

2019 年 9 月 10 日，中国宋庆龄基金会张森林教育基金发放仪式在这里举行。这也是张森林教育基金成立以来，第一次为优秀教师颁发奖励。这一天是非常有纪念意义的一天，父亲常说，“民族复兴关键在教育”。衷心祝愿家乡安平教育兴、人才兴、事业兴。

在红色革命圣地，缅怀革命先烈，追忆父辈的峥嵘岁月，探寻初心，传承红色使命。为传承和弘扬父亲张森林同志的革命奉献精神，当地政府为其在安平县汉王公园放置纪念石雕，将张森林同志作为红色安平代表人物在全县进行宣传。为中国人民谋幸福，为中华民族谋复兴，是中国共产党人的初心和使命，是激励一代代中国共产党人前赴后继、英勇奋斗的根本动力。像父亲一样的老一辈革命家用一生的实践诠释了共产党人对信仰的坚守。为传承和弘扬张森林同志的革命奉献精神，位于安平县的“全国第一个农村党支部纪念馆”增设张森林同志事迹纪念展板。

2019 年 10 月 1 日上午，庆祝中华人民共和国成立 70 周年大会在北京隆重举行。天安门广场上花团锦簇、喜悦欢腾，20 余万军民以盛大的阅兵仪式和群众游行欢庆中华人民共和国 70

华诞。我很荣幸能够受邀参加庆祝祖国华诞的阅兵观礼，心情非常激动。现场气氛热烈，看到鲜艳的五星红旗在宏伟嘹亮的国歌声中冉冉升起，我的心中突然感到无比的骄傲和自豪，多次被感动到热泪盈眶，为我们祖国的成就，为老一辈革命家的无私奉献而感动，为祖国的成就和美好前程而激动，为祖国的日益繁荣强大而自豪！我们也必当珍惜当下，不忘初心牢记使命，始终保持奋发有为的精神状态，做新时代的不懈奋斗者。能参加这个不平凡的活动，不仅是对我个人，更是对第一视频集团、中阿卫视的一个非常好的奖励和激励，这样的高光时刻不仅属于我个人，还属于我们第一视频集团的每一个人和曾经为第一视频集团发展做过贡献的所有人！①

那时，我真的很想跟父亲及老一辈们说，您看，这十里长街，这繁华盛世，一如你们曾经的愿景。

第二节 重回激情燃烧的岁月

时光如梭，岁月如斯。转眼间第一视频已经走过了近 15 个年头。人们常说，你未来的模样，就藏在你现在的努力里。生

① 《第一视频张力军参加国庆活动：见证祖国雄伟气魄》，人民网，https://baijiahao.baidu.com/s?id=1646473017446495262&wfr=spider&for=pc.

活没有捷径，真正优秀的人，没有时间跟生活抬杠。15年的风风雨雨，拼搏努力，怀揣着朝气蓬勃的心迎接每一个黎明与黄昏。回首往昔，成功其实很简单，成功其实也很难，只要不气馁，人生就是永不放弃。只要朝着目标走，我们就在前进！

2019年集团的年会在一个科技感、互动感很强的场馆内举办，随着开场舞的光影缭绕，恍惚间，我在感慨时光飞逝的同时，对即将过去的这一年也感触颇多。有人曾说，2019年互联网行业过得并不轻松，2019年互联网行业的一个显著特点就是没有一款App脱颖而出。此前马云说："2018年会很困难，但是它可能是今后10年里面最好的一年。"在很多人的眼中，艰难都是暂时的，熬过去就好了。在2019年的年会上，看着台下一张张年轻的、成熟的、洋溢着喜悦的面孔，他们眼里充满着对这一年丰收的喜悦，满怀着对未来的期待。第一视频从第一年几个人辛苦创业到如今坐满场馆，我看着他们，对集团所有的同事说，我们还坐在这里，就2019年来讲，我们就是胜利的，这当然离不开在座的每一个人，这是大家共同努力的结果。

2019年无疑是胜利的一年，这一年"疯狂体育"超预期地完成了业绩。"疯狂体育"在2019年内进一步完善了其所开创的全方位体育社区生态系统，致力于精细化经营，在线上及线下业务均对不同球迷与彩民的需求提供更好的体验，并通过用户数据分析，更好地服务各类用户。"疯狂体育"CEO彭锡涛率领的团队也得到了资本市场的认可，从而在股价上产生了积极的反应，这也是对“疯狂体育”的认可与肯定。对于一个企业来讲，不以盈利为目的的商业模式都是耍流氓，盈利是我们的唯一目的。而就这一点，第一视频做到了，“疯狂体育”做到了，这就是胜利。

2019 年无疑是胜利的一年，这一年量子港超额完成销售目标。作为苹果 T2 授权经销商，联想国家级代理商，小米、中国移动、中国电信的战略合作伙伴，量子港现已覆盖数百家 B 端客户。能力对于成功的团队来说无疑是重中之重。量子港团队拥有设计先进产品的能力、严格控制风险的能力、卓越的企业管理能力。目前量子港的合作伙伴有汇丰银行、恒丰银行、中国移动、中国电信、中国联通、苹果、华为、小米、联想、飞利浦、欧姆龙等知名公司。

2019 年无疑是胜利的一年，这一年中阿卫视实现了零的突破。过去的 2019 年对于中阿卫视来说无疑是发展的一年、进取的一年，它克服了许多困难，终于得到北京市广电局的项目基金扶持，取得了零的突破。这不仅是在项目上的资金扶持，也在荣誉上给予了肯定，加之中东和北非地区的经济发展，也为中阿卫视提供了一个良好的发展机遇。回想当年去阿联酋迪拜考察的经历，加之 2019 年终于实现的零的突破，我更加坚定了当初的决定，中阿卫视的前景定将无限光明。

2019 年无疑是胜利的一年，这一年我们在第一视频 Vlog 平台上重点搭建了私域流量并取得了不小的进展。

2019年有一个很有意思的现象，“所有女生”都被一个叫李佳琦的男生吸引。一时间“口红一哥”成了李佳琦的代名词。网红经济发展迅速，在粉丝流量及电商的双重加持下，一大批网红赚了平常人几辈子都赚不到的钱。中国股市中60%的上市公司盈利能力不如一个李佳琦[①]。而没有流量的企业要如何做到电商视频直播带货的流量变现，社交、社区、圈子是我们唯一可以突破的方向。如果要自我突破，让自身更有价值，就要努力开发自身的私域流量。通过与陌生人交流的方式打造自己的圈子，以此突破打造私域流量才能被资本市场认可的现状。

“小圈子，大影响；小流量，大财富。”这是第一视频Vlog的口号。不需要大的公域流量，精准地通过朋友圈变成实现私域流量的增长、扩大。让每一个人都拥有的朋友圈私家流量、私家品牌，通过自己的私家内容在私家小店变现。第一视频Vlog同快手、抖音等的区别就在于：建立账号的起步是通过小流量在小圈子的基础上精准发展，对用户来讲，开户第一天其账号就具备盈利能力。第一视频Vlog现阶段已初具“私域经济”运营模式。新打法开辟了“新闻+电商”创新发展新方向。

2019年无疑是胜利的一年。这一年，我很高兴有两位新伙伴郑宝川女士和姚美娜女士加入我们。这一年，集团委任郑宝川女士为集团的CFO，负责集团的财务管理、投资者关系管理、

---

① 《一个人PK掉60%上市公司，员工上万盈利不如李佳琦》，中金网，http://www.cngold.com.cn/20191226d1703n341536090.html.

资本市场管理等工作。郑宝川女士5年前就与第一视频结缘，看着公司不断发展壮大。在看到第一视频在业务方面的蜕变后，她心动了，也强烈地意识到她要让第一视频的股东和投资者体验第一视频的蜕变，所以终止了25年做企业融资顾问、投资银行和私人银行的生涯，正式加入第一视频。在年会上，她勉励各部门共同努力，同时表示她会带领香港团队全方位地把第一视频的投资故事告诉股东和潜在的投资者，释放公司的内在价值，让股价反映出大家的努力，会为公司在资本市场安排投融资，努力建立一个强现金流、可持续发展的企业，就如董事长的理念，让世界更美好。还有姚美娜女士，在2019年11月正式加入第一视频成为我的特别助理。郑宝川女士和姚美娜女士都是从瑞士银行转到第一视频的，她们丰富的经验和国际视野会为第一视频集团掀开新的篇章，让国际资本市场更认可集团。

15年历程，有和风兼并雨露，有大风携雨磅礴。一路走来，不变的是初心，不变的是用心耕耘，不变的是每一位第一视频员工的孜孜不倦，肯埋头苦干，肯枕戈待旦。15年匆匆岁月，激情燃烧，唯有拼搏、唯有牢记最初的梦想，方可让前方的路走得更坦荡，前方的生活更美好。新媒体、新文化、新体育，这三大板块在2020年会继续负重前行，继续热血奔腾。只愿用满腔的爱与热情，去灌注工作与生活中的点滴，岁月如歌，歌声不息，美好不止。

那一刻，我突然发现，重回激情燃烧的岁月，指日可待。

第三节　获恒指接纳 进入疯狂时代

2019 年，在管理层的用心经营下，集团全方位体育文化生态圈已有所成。沉淀实力，厚积薄发，促使业务成功实现高速成长，全年业绩表现显著改善，巩固了集团在互联网体育及彩票市场的地位。

2020 年 3 月 9 日，第一视频公司向恒生指数有限公司提出更改公司行业分类的申请已获接纳，正式被纳入“资讯科技业—软件服务—电子商贸及互联网服务”类别。新分类即日起生效，正式成为港股首家互联网体育概念公司。

第一视频已成功完成以互联网服务及网上电子平台为主要业务的北京“疯狂体育”产业管理有限公司的收购和建立，该业务现已成为集团总收入的主要来源。“疯狂体育”以其巨大的中国体育彩民资源和大数据为核心，建立了中国最大的体育社区和彩票信息发布平台[①]。

“疯狂体育”能有今天的成就，离不开我的得意弟子——彭锡涛的鼎力相助。回想起当年那个坐在世界杯观看区的年轻人，

---

① 《第一视频更改行业分类获恒指公司纳为“电子商贸及互联网服务”公司聚焦体彩成为港股首只互联网体育概念公司》，雪球，https://xueqiu.com/1820612715/143342804?page=2.

我真是感慨万千。

还记得 2018 年 7 月 15 日，世界杯决赛在俄罗斯莫斯科的卢日尼基体育场举行。卢日尼基体育场坐落在莫斯科市区，是俄罗斯最大的运动场，共有 78 011 个座位。当天，所有门票被抢购一空，足球场上座无虚席。

离比赛开始尚有 20 分钟，有一个个子不高的中国观众和一众朋友进入公众观看区，大家不约而同地转身凝望，他向坐在不远处的谢霆锋和容祖儿挥了挥手。这个人正是阿里巴巴的主席——马云。不久，俄罗斯总统普京入场，再次引起观众的轰动。

这一切，被一位坐在中超工作组贵宾厢内的 39 岁年轻人看得一清二楚。他一边看着球场，一边看着手机屏幕上"疯狂体育"的画面。随着一条条评论飞速地在屏幕上跳动，他的心比任何人跳得都厉害，因为，一个又一个纪录正在不断地产生！世界杯的收视率、中国足球彩票的投注额、"疯狂体育"的下载量、疯狂红单的收入均在挑战一个又一个新高，且持续飙升！

这个年轻人就是"疯狂体育"的 CEO——彭锡涛！这一刻，是他期待多年、梦寐以求的时刻！三年前，由于国家推出新的政策，暂停互联网彩票销售业务，彭锡涛带领的第一视频彩票业务开始处于停顿状态。面对如此严重的打击，彭锡涛感到巨大的压力。彩票业务暂停后，我和彭锡涛一直在探索彩票业务的转型。彭锡涛不想让我失望，力图东山再起！

时势造英雄，三年后的俄罗斯世界杯让"疯狂体育"一鸣惊人。作为中国领先的体育娱乐平台，中超的高级合作伙伴，“疯狂体育”提供了包括视频直播、彩票预测推荐、球星互动竞猜、游戏等全面的体育娱乐。通过疯狂的宣传，加上孙继海等球星的现场参与，俄罗斯世界杯令中国的球迷对“疯狂体育”口碑载道！

当时，我远在中国，通过微信联系到彭锡涛表示祝贺。那一刻，即使隔着屏幕，我也能感觉到他三年以来的压力一扫而空。因为他取得了完美的成绩，没有令我失望！

2018 年 7 月，腾讯应用宝发布“星 App 十大潮流应用”榜单，“疯狂体育”成功上榜，成为唯一入围的体育类 App。“星 App”奖项是由腾讯应用宝平台创立及评选，以应用更新时间、近期下载量、下载飙升幅度、用户好评率、评论活跃度和社交分享六大维度为评判依据，为其覆盖的上亿用户展示当下最流行、最实用的 App 及游戏。在 2018 年世界杯期间，“疯狂体育”App 推出世界杯特别定制版，主打新闻资讯、赛事工具、竞猜娱乐等内容，该应用在应用宝平台的下载量、用户好评率、评论活跃度、社交分享等多个维度的数据增长明显，获得评审团 5.0 的满分评价，成功登上榜单。[①]

2018 年 11 月 7 日，中国国际进口博览会期间，“疯狂体育”与英国游戏厂商 Tower Studios、中国移动旗下咪咕互娱举行签约仪式，三方联手发行《球场风云》手游，该游戏为实时操控

---

① 《2018 体育资讯 App 排行榜出炉“疯狂体育”首次上榜》，新华网，http://www.xinhuanet.com/sports/2018-07/20/c_1123155324.htm.

足球对战，并结合游戏与中超联赛打造“线上＋线下”的电竞赛事。通过此次合作，“疯狂体育”联手中国移动共同完成了《球场风云》手游在中国的落地，并引入中超联赛正版授权。

2018 年俄罗斯世界杯打响了“疯狂体育”漂亮的头炮，接下来的欧洲杯、NBA、奥运会，“疯狂体育”将继续为体育迷带来全新的体验，而“疯狂体育”与中国移动合作开发的电竞项目亦让全国球迷引颈以待。

这三年的考验，证明我没有托付错人。

2018 年 10 月 18 日，第一视频就收购“疯狂体育”项目召开股东大会。一如所料，收购议案获 95%股东赞成通过。

截至 2020 年，上市近 15 年以来，第一视频相继缔造视频、手游、彩票行业的传奇，创造多个中国第一，颠覆行业传统。第一视频蓄势待发，迎接疯狂时代！

第四节　寻找 20%

意大利经济学家帕累托从 19 世纪英国人财富分布的大量数据中发现：20%的人占有 80%的社会财富。

财富在人口中的分配是不平衡的。这一法则被称为帕累托法则，或者二八法则。

二八法则也适用于人际交往圈子：20%的人会共同前进，60%的人被动地被周围的人同化，剩下20%的人一直在退步。如果你真的想变得更好，你必须与对你有更高标准的人待在一起，拥有一个更高的平台和视野，让你的圈子高端起来。

如果把社会比作一个金字塔，越往下，人越多，越往塔尖走，人越少。所以，只有少部分人站在高处，位于金字塔尖的位置。

有人抱怨这种法则的不公平，社会的财富应该被平均分配，每个人都应当获得同样多的财富。理论上是这样的，但是事实并非如此，这种看上去的不公平恰恰也是一种公平。

根据统计，尽管集团已经在各个业务线实现了以合伙制为基点的利润分配格局，但拿到提成、奖金、分红等各类工资外收入的人，只占集团总人数的20%，剩余80%的员工是在靠工资为生，由此可见二八法则在员工激励中同样存在。

所谓员工激励，甚至要求全员都实现“996”，之所以遇到很大的阻力和非议，是因为事实上员工中只有20%的人真正想成功，愿意付出和实现自我激励。那么对于大部分普通员工，作为跟随者是没有错误的，没有必要苛求他们去“奋斗”。对绝大多数的普通岗位的员工，要求至少对得起工资，对得起岗位，尽职尽责。正常的格局是：大部分人是战士，在将领的领导下打胜仗，不可能所有的人都成为英雄。一个团体里面，领导人毕竟是少数。要认识到这一点，并正视这一点，这样才能充分调动企业全体员工的积极性，走出激励误区，重新让企业、让员工燃起激情！明白了这个道理，我要做的就是寻找那20%的人，把带头人找好了，队伍就有希望。让20%想成功的人，成为集团各个部门的领导。我们也希望广大的员工爱岗敬业，做到现在不拖累生我们的人，将来，不拖累我们生的人。

所以我一直在寻找那20%的领导者。也就是说假如你的公司缺乏这20%或者你所谓的这关键的20%并不是战斗力或者创造价值能力最强的人，那么你所在的企业就不能得到快速和长久的发展。这就面临着选择的问题：你应该知道你需要什么样的20%。

一个企业的成功离不开三化：年轻化、激情化、专业化。团队如果没有激情，那就什么事情都做不成。去尝试，去做过，才叫积极，才叫激情。我们正在打造年轻化团队，之前领导团队没有“90后”，团队要年轻化才行。专业化是企业股价上涨的强有力的盾牌，唯有更专业，才会有至臻利器，以刀剑圆梦。

2020年，我找到了这样一群人，他们兼具年轻化、激情化、专业化这“三化”。新团队、新成员的加盟让集团朝气蓬勃、蓄势待发。同年，集团开始打造“商业5.0”模式，发挥独特优势，强势推出“双子座”战略，建立“内容+供应链”的独特生态圈。更多项目的启动让集团朝着更好的方向发展。

年轻、激情、专业在我们团队的新成员中体现得淋漓尽致。互联网企业，以质量为胜，内容为王。年轻人的朝气和敏锐，在研发和生产产品时显得尤为重要。一些老旧的固化思维会掣肘先进的思想，而我们这拨年轻人敢为人先、擅长发现问题和解决问题的优秀工作能力和严谨的工作态度大大加速了新产品的推出和推广，以及固有产品的再深入研究和开发。

一个团队的年龄和经验构成是很微妙的组合，可能在年轻人的身上你会看到一些小小的莽撞和冲动，但是在这背后你其实可以看到他们对工作和公司的热情和责任心。而老员工的经历和经验也恰恰可以给予他们可靠的支撑和必要的解惑。无论是前浪还是后浪，大家都是一股劲的对工作认真负责，为公司尽心竭力。

我们偶尔会对年轻人、对“90后”有一些刻板印象，认为他们不够踏实，不足以承担重任。现在是时候改变一下我们的偏见了，我在我们这拨年轻人身上看到很大的闯劲、很满的冲劲，看到他们利用所学的专业知识和先进的、科学的办事方法以及处事技巧高效地完成工作的赤诚之心，看到的是那种渴望事业的发展和期望自己的力量能够被有识之人发掘发现，期待自己被公司认可甚至被整个行业认可的蓬勃朝气。

正是这些年轻人的激情和专业，使公司的产品和业绩逐步前进，市场反馈长期稳健，且有良性上升的势头。作为企业家，我深知前浪的贡献，也深知后浪是一股不容小觑的新生力量，他们鲜活、充满斗志、诚心诚意地辅助和共建第一视频的灼灼成长和荣耀。

事实证明，越是艰难的时候越要有信心，越是艰险越向前，胜利就一定属于我们！

愿我们如第一视频的愿景一般：让生活更美好！

尾　声

清晨5点30分，我准时起床。不管工作再繁忙，前一晚多晚睡，我都会早起开始新的一天，这是我多年来养成的生活习惯。不过我要感谢“疯狂体育”让我感受到体育的活力，如今我起床后多了一个环节——健身半小时。运动半小时后，我整装出门。

妻子王淳温柔地叫醒两个宝贝儿子。儿子们跟我说：“爸爸早安。”我低头亲了亲他们的脸颊，转身抱了抱王淳：“走啦，晚上回来吃。”然后坐进了我的那辆电动汽车。

早上6点30分，上车之后，我轻按启动键，开启了“自动驾驶”模式。半小时后，手机上准时接到秘书的语音通话，向我汇报当日行程。

“张董早，今天上午9点集团高管例会讨论‘梧桐计划’的下一步落地策略。10点安排和中阿卫视迪拜方面的股东进行视频会议，探讨创新峰会迪拜分论坛的筹办。下午2点‘开放时间’（Open Hours）安排了集团研究院的首席研究员对人工智能技术应用的分享，邀您一同参会。下午4点半会见斯坦福校方代表，向您汇报硅谷创新论坛的准备工作……”

抵达公司食堂已是 7 点 30 分，我吃了一碗热气腾腾的豆腐脑，新的一天开始了。

这样快节奏的一天，日复一日，年复一年。如今很多互联网的老一辈创业者陆续宣布退休，不过我认为自己仍然年轻，因为用创新的思想武装起来的我，正要去探寻更多的真理，为让世界变得更好而努力，我赞成这样的观点：天才眼中看到的都是谬误，然后纠正它；蠢人眼中看到的都是真理，然后盲从它。而在探寻真理的道路上，我是引领者，我坚信年轻人需要我！就像杰克·凯鲁亚克的《在路上》一书中所说：“真正不羁的灵魂不会真的去计较什么，因为他们的内心深处有国王般的骄傲……带着最初的激情，追寻着最初的梦想，感受着最初的体验，我们上路吧。”我要和年轻创业者一起向前冲，去完成我未完成的创新梦想，我要永远走在创新的路上。